उर्दू के मशहूर ख़ाके

rekhta publications

राजकमल प्रकाशन

rekhta
publications

राजकमल प्रकाशन

रेख़्ता पब्लिकेशंस

बी-37, सेक्टर - 1, नोएडा
उत्तर प्रदेश - 201301

contact@rekhta.org | www.rekhtabooks.com
www.rajkamalprakashan.com

प्रथम संस्करण : 2023

ISBN : 978-93-94494-30-5

उर्दू के मशहूर ख़ाके

आवरण एवं पुस्तक सज्जा
रेख़्ता

मुद्रक : ज़ाविया प्रिंट, नई दिल्ली
मूल्य : ₹ 249

उर्दू के मशहूर ख़ाके

पेश लफ़्ज़

उर्दू अदब में मशहूर और अहम हस्तियों के ख़ाके लिखने की रवायत बहुत पुरानी है। मुसन्निफ़ों ने वक़्त-वक़्त पर अपने बुज़ुर्ग अदीबों या ऐसे दोस्तों-आश्नाओं के ख़ाके लिखे हैं जिन्होंने उनके ज़ेहन-ओ-दिल को मुतअस्सिर किया है। इन ख़ाकों में लफ़्ज़ों के ज़रिए उन हस्तियों की ऐसी तस्वीर बनाई जाती है कि जिस्मानी बनावट के साथ-साथ उनकी शख़्सियत की ख़ुसूसियात आँखों के सामने उभर आती है। ये ख़ुश-बयान ख़ाके उन हस्तियों की सलाहियत के साथ-साथ उनकी नफ़्सियात का भी पता देते हैं। बाज़ मौक़ों पर मुसन्निफ़ मज़कूर के साथ अपने तज्रबों का और वाक़िओं का ऐसा बयान करता है जिससे पढ़ने वाले को दोनों के ज़ाती तअल्लुक़ात का भी पता चलता है। सुख़न की ये सिंफ़ इसलिए भी अहम है इन्हें लिखते हुए मुसन्निफ़ मज़कूर के बयान और बर्ताव पर अपने रद्द-ए-अमल का भी इज़्हार करता है और पढ़ने वाले मुसन्निफ़ के ज़ेहनी अहवाल से भी आश्ना होते हैं।

इस किताब में सआदत हसन मंटो, राजिंदर सिंह बेदी, मुश्ताक़ अहमद यूसुफ़ी, इस्मत चुग़ताई, रशीद अहमद सिद्दीक़ी, मौलवी अब्दुल हक़, असलम फ़र्रुख़ी, अशरफ़ सबूही और क़ुदरतुल्लाह शहाब जैसे नुमाइन्दा मुसन्निफ़ों के लिखे हुए कुल नौ ख़ाके शामिल हैं। 'तीन गोले' ख़ाके में मीराजी के दरवेशाना रहन-सहन के साथ-साथ उनके राहिबाना मिज़ाज का बहुत ही ख़ूबसूरत बयान देखने को मिलता है तो मीर तक़ी मीर के ख़ाके में उनके दिल्ली से लखनऊ हिजरत करने के बाद की ज़िन्दगी को बहुत ही तफ़सील से बयान किया गया है। राजिंदर सिंह बेदी ने ख़्वाजा अहमद अब्बास के ख़ाके में बड़े सलीक़े से उनकी मुख़्तलिफ़ मसरूफ़ियात, अदब

और समाज में उनकी ख़िदमात को रक़म करते हुए अपने ख़ास तरह के दोस्ताना मरासिम को हम सबसे साझा किया है। अज़ीम बेग चुग़ताई के ख़ाके को पढ़ते हुए आपको कई सारी चीज़ें एक साथ जानने को मिलेंगी। इसमें न केवल आपको ये पता चलेगा कि किस तरह वो अपने आस-पास के लोगों को अपनी कहानियों के किरदार में ढाल लेने का हुनर रखते थे बल्कि आप इस्मत चुग़ताई की शर्मिन्दगी को साफ़ तौर से महसूस कर सकते हैं कि किस तरह अपने ही ख़ानदान में मौजूद एक शानदार मुसन्निफ़ को पहचानने में उनसे देर हो गई। इन मारूफ़-ओ-मशहूर हस्तियों के अलावा, इस किताब में आपको कई गुमनाम मगर आला शख़्सियतों के ख़ाके पढ़ने को मिलेंगे, जिनकी अपनी कोई अदबी शिनाख़्त भले न हो मगर अपने ईमान, ज़ेहानत, दरिया-दिली और तमाम दीगर इंसानी ख़ुसूसियात के इशारे से वो हमें एक बेहतर इंसान बनने का सबक़ देते हैं।

फ़ेहरिस्त

नामदेव माली

मौलवी अब्दुल हक़
(1872 - 1961)

नामदेव मक़बरा राबिया दुर्रानी औरंगाबाद (दक्कन) के बाग़ में माली था। ज़ात का डेढ़ जो बहुत नीच क़ौम ख़याल की जाती है। क़ौमों का इम्तियाज़ मस्नूई[1] है और रफ़्ता-रफ़्ता नस्ली हो गया है। सच्चाई, नेकी, हुस्न किसी की मीरास नहीं। ये ख़ूबियाँ नीची ज़ात वालों में भी ऐसी ही होती हैं जैसी ऊँची ज़ात वालों में।

क़ैस हो कोहकन हो या हाली
आशिक़ी कुछ किसी की ज़ात नहीं

मक़बरे का बाग़ मेरी निगरानी में था। मेरे रहने का मकान भी बाग़ के अहाते ही में था। मैंने अपने बंगले के सामने चमन बनाने का काम नामदेव के सुपुर्द किया। मैं अन्दर कमरे में काम करता रहता था। मेरी मेज़ के सामने बड़ी सी खिड़की थी। उसमें से चमन साफ़ नज़र आता था। लिखते-लिखते कभी नज़र उठा कर देखा तो नामदेव को हमा-तन[2] अपने काम में मसरूफ़ पाता। बाज़ दफ़ा उसकी हरकतें देख कर बहुत तअज्जुब होता। मसलन क्या देखता हूँ कि नामदेव एक पौदे के सामने बैठा उसका थाँवला साफ़ कर रहा है। थाँवला साफ़ करके हौज़ से पानी लिया और आहिस्ता-आहिस्ता डालना शुरू किया। पानी डाल कर डोल दुरुस्त की और हर रुख़ से पौदे को मुड़-मुड़ कर देखता। फिर उल्टे पाँव पीछे हट कर उसे देखने लगा। देखता जाता था और मुस्कुराता और ख़ुश होता था। ये देख कर मुझे हैरत भी हुई और ख़ुशी भी। काम उसी वक़्त होता है जब उसमें लज़्ज़त[3] आने लगे। बे-मज़ा काम, काम नहीं बेगार है।

अब मुझे उससे दिलचस्पी होने लगी। यहाँ तक कि बाज़ वक़्त अपना काम छोड़ कर उसे देखा करता। मगर उसे ख़बर न होती कि कोई देख रहा है या उसके आस-पास क्या हो रहा है। वो अपने काम में मगन रहता। उसके कोई औलाद न थी वो अपने पौदों और पेड़ों ही को अपनी औलाद समझता था और औलाद की तरह उनकी परवरिश और निगह-दाश्त[4] करता। उनको सब्ज़ और शादाब देख कर ऐसा ही ख़ुश होता जैसे माँ अपने बच्चों को देख कर ख़ुश होती है। वो एक-एक पौदे के पास बैठता, उनको प्यार करता, झुक-झुक के देखता और ऐसा मालूम होता गोया उनसे चुपके-चुपके बातें कर रहा है। जैसे-जैसे वो बढ़ते, फूलते-फलते उसका दिल भी बढ़ता और फूलता-फलता था, उनको तवाना[5] और टाँटा देख कर उसके चेहरे पर ख़ुशी की लहर दौड़ जाती। कभी किसी पौदे में इत्तिफ़ाक़ से कीड़ा लग जाता या कोई और रोग पैदा हो जाता तो उसे बड़ी फ़िक्र होती। बाज़ार से दवाएँ लाता। बाग़ के दारोग़ा या मुझसे कह कर मँगाता। दिन भर उसी में लगा रहता और उस पौदे की ऐसी सेवा करता जैसे कोई हमदर्द और नेक दिल डॉक्टर अपने अज़ीज़ बीमार की करता है। हज़ार जतन करता और उसे बचा लेता और जब तक वो तन्दुरुस्त न हो जाता उसे चैन न आता। उसके लगाए हुए पौदे हमेशा परवान चढ़े और कभी कोई पेड़ ज़ाए न हुआ।

बाग़ों में रहते-रहते उसे जड़ी बूटियों की भी शनाख़्त[6] हो गई थी। ख़ास कर बच्चों के इलाज में उसे बड़ी महारत थी। दूर-दूर से लोग उसके पास बच्चों के इलाज के लिए आते थे। वो अपने बाग़ ही में से जड़ी बूटियाँ लाकर बड़ी शफ़क़त[7] और ग़ौर से उनका इलाज करता। कभी-कभी दूसरे गाँव वाले भी उसे इलाज के लिए बुला ले जाते। बिला तअम्मुल चला जाता। मुफ़्त इलाज करता और कभी किसी से कुछ नहीं लेता था।

वो ख़ुद भी बहुत साफ़-सुथरा रहता था और ऐसा ही अपने चमन को भी रखता। इस क़दर पाक-साफ़ जैसे रसोई का चौका। क्या मजाल जो कहीं

घास-फूस या कंकर-पत्थर पड़ा रहे। रविशें बाक़ायदा, थाँवले दुरुस्त, सिंचाई और शाख़ों की काट-छाँट वक़्त पर, झाड़ना-बुहारना सुब्ह-शाम रोज़ाना। ग़रज़ सारे चमन को आईना बना रखा था।

बाग़ के दारोग़ा (अब्दुर्रहीम ख़ाँ फ़नीसी) ख़ुद भी बड़े कार-गुज़ार और मुस्तइद शख़्स हैं और दूसरे से भी खींच-तान कर काम लेते हैं। अक्सर मालियों को डाँट-डपट करनी पड़ती है। वर्ना ज़रा भी निगरानी में ढील हुई, हाथ पर हाथ रख कर बैठ गए, या बीड़ी पीने लगे या साए में जा लेटे। आम तौर पर इंसान फ़ितरतन काहिल और कामचोर वाक़े[8] हुआ है। आराम-तलबी हममें कुछ मौरूसी हो गई है। लेकिन नामदेव को कभी कुछ कहने-सुनने की नौबत न आई। दुनिया-ओ-मुआफ़ीहा[9] से बे-ख़बर अपने काम में लगा रहता। न सताइश[10] की तमन्ना न सिले की परवाह।

एक साल बारिश बहुत कम हुई। कुँओं और बावलियों में पानी बरा-ए-नाम[11] रह गया। बाग़ पर आफ़त टूट पड़ी। बहुत से पौदे और पेड़ तल्फ़ हो गए। जो बच रहे वो ऐसे निढाल और मुरझाए हुए थे जैसे दिक़[12] के बीमार, लेकिन नामदेव का चमन हरा-भरा था और वो दूर-दूर से एक-एक घड़ा पानी का सर पर उठा के लाता और पौदों को सींचता। ये वो वक़्त था कि क़हत ने लोगों के औसान ख़ता कर रखे थे और उन्हें पीने को पानी मुश्किल से मयस्सर आता था। मगर ये ख़ुदा का बन्दा कहीं न कहीं से ले ही आता और अपने पौदों की प्यास बुझाता। जब पानी की क़िल्लत और बढ़ी तो उसने रातों को भी पानी ढो-ढो के लाना शुरू किया। पानी क्या था यूँ समझिए कि आधा पानी और आधी कीचड़ होती थी। लेकिन यही गदला पानी पौदों के हक़ में आब-ए-हयात था।

मैंने इस बेमिसाल कार-गुज़ारी पर उसे इनाम देना चाहा तो उसने लेने से इंकार कर दिया। शायद उसका कहना ठीक था कि अपने बच्चों को पालने-पोसने में कोई इनाम का मुस्तहिक़[13] नहीं होता। कैसी ही तंगी-तुर्शी हो वो हर

हाल में करना ही पड़ता है।

जब आला हज़रत हुज़ूर निज़ाम को औरंगाबाद की ख़ुश आब-ओ-हवा में बाग़ लगाने का ख़याल हुआ तो ये काम डॉक्टर सय्यद सिराज-उल-हसन (नवाब सिराज यार जंग बहादुर) नाज़िम-ए-तालीमात के तफ़्वीज़[14] हुआ। डॉक्टर साहब का ज़ौक़-ए-बाग़बानी मशहूर था। मक़बरा राबिया दुर्रानी और उसका बाग़ जो अपनी तरतीब-ओ-तामीर के ऐतबार से मुग़लिया बाग़ का बेहतरीन नमूना है, मुद्दत से वीरान और सुनसान पड़ा था। वहशी जानवरों का मस्कन था और झाड़-झंकार से पटा पड़ा था। आज डॉक्टर साहब की बदौलत सर-सब्ज़-ओ-शादाब और आबाद नज़र आता है। अब दूर-दूर से लोग उसे देखने आते और सैर-ओ-तफ़रीह से महज़ूज़ होते हैं। डॉक्टर साहब को आदमी परखने में भी कमाल था वो नामदेव के बड़े क़द्र-दान थे, उसे मक़बरे से शाही बाग़ में ले गए। शाही बाग़ आख़िर शाही बाग़ था। कई-कई निगराँ-कार और बीसियों माली और माली भी कैसे, टोक्यो से जापानी, तेहरान से ईरानी और शाम से शामी आए थे। उनके बड़े ठाट थे। ये डॉक्टर साहब की उपज थी। वो शाही बाग़ को हक़ीक़त में शाही बाग़ बनाना चाहते थे। यहाँ भी नामदेव का वही रंग था। उसने न फ़न-ए-बाग़बानी की कहीं तालीम पाई थी और न उसके पास कोई सनद या डिप्लोमा था। अलबत्ता काम की धुन थी। काम से सच्चा लगाव था और इसी में उसकी जीत थी। शाही बाग़ में भी उसका काम महा-काज रहा। दूसरे माली लड़ते-झगड़ते, सिंधी शराब पीते, ये न किसी से लड़ता-झगड़ता न सिंधी शराब पीता। यहाँ तक कि कभी बीड़ी भी न पी। बस ये था और इसका काम।

एक दिन न मालूम क्या बात हुई कि शहद की मक्खियों की यूरिश[15] हुई। सब माली भाग-भाग कर छुप गए। नामदेव को ख़बर भी न हुई कि क्या हो रहा है। वो बराबर अपने काम में लगा रहा। उसे क्या मालूम था कि क़ज़ा उसके सर पर खेल रही है। मक्खियों का ग़ज़ब-नाक झल्लड़ उस ग़रीब पर

टूट पड़ा। इतना काटा इतना काटा कि बे-दम हो गया। आख़िर उसी में जान दे दी। मैं कहता हूँ कि उसे शहादत नसीब हुई।

वो बहुत सादा-मिज़ाज भोला-भाला और मुंकसिर[16] मिज़ाज था। उसके चेहरे पर बशाशत[17] और लबों पर मुस्कुराहट खेलती रहती थी। छोटे-बड़े हर एक से झुक कर मिलता। ग़रीब था और तनख़्वाह भी कम थी इस पर भी अपने ग़रीब भाइयों की बिसात से बढ़ कर मदद करता रहता था। काम से इश्क़ था और आख़िर काम करते-करते ही इस दुनिया से रुख़्सत हो गया।

गर्मी हो या जाड़ा, धूप हो या साया, वो दिन-रात बराबर काम करता रहा लेकिन उसे कभी ये ख़याल न आया कि मैं बहुत काम करता हूँ या मेरा काम दूसरों से बेहतर है। इसी लिए उसे अपने काम पर फ़ख़्र या ग़ुरूर न था। वो ये बातें जानता ही न था। उसे किसी से बैर था न जलापा। वो सबको अच्छा समझता और सबसे मुहब्बत करता था। वो ग़रीबों की मदद करता, वक़्त पर काम आता, आदमियों जानवरों, पौदों की ख़िदमत करता। लेकिन उसे कभी ये एहसास न हुआ कि वो कोई नेक काम कर रहा है। नेकी उसी वक़्त तक नेकी है जब तक आदमी को ये न मालूम हो कि वो कोई नेक काम कर रहा है। जहाँ उसने ये समझना शुरू किया, नेकी नेकी नहीं रहती।

जब कभी मुझे नामदेव का ख़याल आता है तो मैं सोचता हूँ कि नेकी क्या है और बड़ा आदमी किसे कहते हैं। हर शख़्स में क़ुदरत ने कोई न कोई सलाहियत रखी है। इस सलाहियत को दर्जा-ए-कमाल तक पहुँचाने में सारी नेकी और बड़ाई है। दर्जा-ए-कमाल तक न कभी कोई पहुँचा है न पहुँच सकता है। लेकिन वहाँ तक पहुँचने की कोशिश ही में इंसान इंसान बनता है। ये समझो कुन्दन हो जाता है, हिसाब के दिन जब आमाल[18] की जाँच पड़ताल होगी ख़ुदा ये नहीं पूछेगा कि तूने कितनी पूजा-पाठ या इबादत की। वो किसी इबादत का मुहताज नहीं। वो पूछेगा कि मैंने जो तुझ में इस्तिदाद[19] वदीअत[20] की थी उसे कमाल तक पहुँचाने और उससे काम लेने में तूने क्या किया और

ख़लक़ुल्लाह[21] को उससे क्या फ़ैज़ पहुँचाया। अगर नेकी और बड़ाई का ये मेयार[22] है तो नामदेव नेक भी था और बड़ा भी।

था तो ज़ात का डेढ़ पर अच्छे-अच्छे शरीफ़ों से ज़्यादा शरीफ़ था।

---

1 कृत्रिम 2 पूरी लीनता से 3 स्वाद 4 देखभाल 5 तगड़ा 6 पहचान 7 सहानुभूति 8 होना 9 दुनिया और दुनिया की तमाम चीज़ें 10 प्रशंसा 11 नाम मात्र 12 क्षय रोग 13 हक़दार 14 सुपुर्दगी 15 हमला 16 नम्र, विनम्र 17 प्रसन्नता 18 क्रियाएँ, वह सभी काम जो इंसान ज़िन्दगी में कर गुज़रता है 19 योग्यता, पात्रता 20 प्रदान करना 21 प्राणी वर्ग 22 स्तर

कुन्दन

रशीद अहमद सिद्दीक़ी
(1892 - 1977)

कुन्दन मर गया और घण्टे बजते रहे!

कुन्दन कॉलेज का घण्टा बजाता था, मालूम नहीं कब से, कम-ओ-बेश 30-35 साल से, इतने दिनों से इस पाबन्दी से कि इस तरफ़ ख़याल का जाना भी बन्द हो गया था कि वो मर जाएगा या घण्टा बजाने से बाज़ आ जाएगा! तालिब-इल्मी[1] का ज़माना ख़त्म करके स्टाफ़ में आया तो ये घण्टा बजा रहा था, उसी के घण्टों के मुताबिक़ काम करते-करते पूरी मुद्दत-ए-मुलाज़मत[2] ख़त्म की, यूनिवर्सिटी से रुख़्सत हुआ तो उसे घण्टे बजाते छोड़ा, घण्टे की आवाज़ रोज़मर्रा[3] के औक़ात में इस तरह घुल-मिल गई थी जैसे वो कहीं बाहर से नहीं मेरे ही अन्दर से आ रही हो। जैसे वो वज़ाइफ़-ए-जिस्मानी[4] के इन मामूलात में दाख़िल हो गई हो जिनका शऊरी[5] तौर पर एहसास नहीं होता।

कई दिन बाद किसी ने बताया, कुन्दन मर गया। एक धचका सा लगा, अरे कुन्दन मर गया। इतने दिनों से घण्टे की आवाज़ आती रही और हस्ब-ए-मामूल[6] यही समझता रहा कि कुन्दन बजा रहा है बताए बग़ैर क्यों न मालूम हो गया कि कुन्दन मर गया। ना-दानिस्तगी[7] में उसकी याद के साथ ये कैसा क़ुसूर हुआ! फिर वही बात ज़ेहन में आई जो हमेशा हर ज़ेहन में आती है कि मौत से मख़सूस अफ़राद चाहे जिस शिद्दत से मुतास्सिर हों, निज़ाम-ए-फ़ितरत[8] में इससे ज़्यादा नाक़ाबिल-ए-इल्तिफ़ात वाक़िआ दूसरा नहीं। इससे फ़ितरत के निज़ाम में कोई ख़लल पड़ता है न दुनिया के तौर तरीक़ों में फ़र्क़ आता है। इस एहसास से तस्कीन[9] तो क्या होती बेचारगी और बे-ज़ारी के एहसास में इज़ाफ़ा हो गया। कैसे न कहूँ कि अफ़राद का मुतास्सिर न होना निज़ाम-ए-फ़ितरत के मुतास्सिर होने न होने से बड़ा हादिसा है। इंसान की जिस नहज पर

तरकीब हुई है उसमें तो अफ़राद ही के तअस्सुरात सब कुछ हैं। बाक़ी "तमाम शोबदा-हाय[10] तिलिस्म-ए-बे-सबबी!"[11]

कुन्दन के घण्टा बजाने पर मेहदी मंज़िल से लेकर मुश्ताक़ मंज़िल तक की क्लासें बाहर आ जाती। तुर्की टोपी, स्याह तरकश कोट और पतलून-नुमा सफ़ेद पाजामों में मलबूस[12] मुल्क के कोने-कोने से आए हुए शरीफ़, अमीर, ग़रीब घरानों के ख़ूब-रू[13], ख़ुश-अतवार[14] हँसते-बोलते नौजवान उसी तरह बरामद होते जैसे बक़ौल इंशा, "हवा खाने को निकले हैं जवानान-ए-चमन।" एक सिरे से दूसरे सिरे तक कितने ख़ानदानों की उम्मीदों और उमंगों का चमन खिला हुआ नज़र आता। दो-तीन मिनट तक ये हमहमा रहता, फिर यही लड़के क्लास में जा बैठते। मुक़र्ररा वक़्फ़े[15] के बाद कुन्दन घण्टा बजाता। वही समाँ फिर नज़रों के सामने आ जाता। पढ़ाई के दिनों में सुब्ह से सह पहर तक यही सिलसिला जारी रहता। आते-जाते पूछ लेता कुन्दन कौन-कौन सा घण्टा चल रहा है, उतना घण्टा दरयाफ़्त करने के लिए नहीं जितना उससे मिलने की तक़रीब मनाने के लिए। हमेशा जवाब देता, हुज़ूर फ़ुलाँ घण्टा। चाहे पूछने वाला तालिब-ए-इल्म हो, मुअल्लिम[16] हो या क्लर्क। उसके हुज़ूर कहने में तौक़ीर[17] और तवाज़ो[18] की हलावत[19] थी, ख़ुशामद या तसन्नो[20] की गिरावट नहीं।

मौत और ज़ीस्त[21] की गर्दिश ने कितनों को बड़ा, कितनों को छोटा, कितनों को यकसाँ कर दिया। किसी ने ठीक कहा है, मौत से ज़्यादा हम-सतह कर देने वाली दूसरी कोई शय नहीं। इस 30-35 साल में हमसे क़रीब हमसे दूर हमारे लाए हुए कैसे-कैसे इंक़िलाबात बरपा हुए। नौजवानों की कितनी नस्लें इस इदारे से निकलीं और ज़िन्दगी के छोटे बड़े मुहारिबों[22] में फ़त्ह-ओ-शिकस्त से किस-किस तरह दो-चार हुईं या हैं। उन सबको कैसे और कहाँ तक याद में समेटूँ। ये सब होता रहा लेकिन कुन्दन का घण्टा बजाना जूँ का तूँ रहा। जैसे उसका घण्टा बजाना यूनिवर्सिटी के मौजूद और मोतबर[23] होने

का ऐलान था। लेकिन हुआ वही जो बिल-आख़िर[24] हो कर रहता है। कुन्दन मर गया। तक़दीर के इस मामूल में फ़र्क़ न आया। ज़े-ज़नद व हमचू तुई या ज़े-फ़िस्क़ हम-चू मनी![25] अगर ये है और है भी यही तो ये जंग नामुसावी[26] ताक़तों की है जिसमें फ़त्ह हमेशा कमज़ोर की मानी जाएगी।

यूनिवर्सिटी का बिलकुल इब्तिदाई ज़माना था। मिर्ज़ा अख़्तर हुसैन साहब असिस्टेंट रजिस्ट्रार थे जिनके सुपुर्द इम्तिहान का काम था। कुन्दन को उन्होंने अपना ऑनरेरी सेकिंड लेफ़्टिनेंट और को-ऑर्डिनिकल (कच्ची पक्की पार्क) के सारे मेहतरों का कम्पनी कमांड मुक़र्रर किया और खचेर (एक बूढ़ा मेहतर) को लांस कॉर्पोरल (Lance Corporal) ख़वास में ये कम्पनी Mirza Akhter Husains won Fussiliery (मिर्ज़ा अख़्तर हुसैन वॉन फ़सिलियरी) के लक़ब[27] से और अवाम में कुन्दन की सफ़र-मैना के नाम से मशहूर हुई। इम्तिहान के ज़माने में शुरू से आख़िर तक यूनिवर्सिटी में मिर्ज़ा साहब कुन्दन और ये सफ़र-मैना पलटन एक दूसरे से जुदा या दूर नहीं देखी गई।

मिर्ज़ा साहब हर काम ज़ाब्ते और एहतिमाम से करने के शाइक़ थे। उस ज़माने में उम्मीदवार कम होते थे। जिनके लिए स्ट्रैची हॉल काफ़ी बड़ा हॉल था लेकिन मौसूफ़ इस धूम से इम्तिहानात मुनअक़िद करते जैसे न सिर्फ़ उम्मीदवार बल्कि उनके वालिदैन और क़रीबी रिश्तेदार सब के सब शरीक हो जाने का इम्कान था। स्ट्रैची हॉल के सामने से उस ज़माने में गुज़रे तो उसके ऊँचे बरामदे के सद्र दरवाज़े पर मिर्ज़ा साहब खड़े कमांड करते होते। कोट की ऊपर की जेब में रंग-बिरंग की पेंसिलें इस तरतीब से नज़र आतीं जैसे मिलिट्री मंसब का कोई इम्तियाज़ी रिबन लगा हुआ है। किसी पेंसिल को जगह न मिली होती तो लबों में दबा रखते। हाथ में रंगीन खरया के एक-आध टुकड़े बग़ल में तरह-तरह की फ़ाइलें और काग़ज़ के पुलन्दे डेस्क या कुर्सी पर या फ़ाइलों में जहाँ जिस क़िस्म की ज़रूरत देखी खरिया से निशान लगा दिए

या पेंसिल से नोट लिख दिए। ज़ीने पर कुन्दन उससे नीचे सड़क पर मेहतरों की 'सफ़र-मैना' जारूब[28] ब-दस्त-ओ-खुरपा दर बग़ल, अटेंशन खड़ी होती। कुछ इसी तरह का नक़्शा होता जैसा आजकल क़ौमी झण्डे को सलामी देने के लिए कोई नेता खड़ा हुआ और दूसरे हस्ब-ए-मरातिब[29] नीचे सफ़-आरा[30] हों। मिर्ज़ा साहब का हुक्म पाते ही कम्पनी कमांडर कुन्दन, सफ़र-मैना के एक हिस्से को साथ लेकर स्ट्रैची हॉल में नशिस्तें तरतीब देने में मसरूफ़ हो जाता, दूसरा डिटैचमेंट (Detachment) अहम पोज़ीशनों पर झाड़ू देने लगता या घास खोदने लगता।

ये ज़माना माली मुश्किलात का था, यूनिवर्सिटी से तनख़्वाह पाने वाले मुअल्लिमों को पर्चा बनाने या इम्तिहान की कॉपियों के जाँचने का मुआवज़ा नहीं मिलता था। उसकी तलाफ़ी[31] मिर्ज़ा साहब ने कुछ इस तौर पर की थी कि जो लोग निगरानी के काम पर मामूर[32] हों लेमनेड और बर्फ़ उनकी ख़िदमत में मुफ़्त पेश की जाए। उसका हिसाब कुन्दन रखता था। और मिर्ज़ा साहब इन अख़राजात[33] की अदाएगी इम्तिहान फ़ंड से करते थे। एक दिन ऑफ़िस पहुँचा तो देखा कि मिर्ज़ा साहब कुन्दन पर गरज रहे हैं। क़िस्सा ये था कि एक साहब ने निगरानी के दौरान में डेढ़ दर्जन बोतलें और इसी हिसाब से बर्फ़ पी डाली थी। मिर्ज़ा साहब कुन्दन पर बिगड़ रहे थे कि तूने ये सूरत-ए-हाल देखी तो मुझे क्यों न इत्तिला[34] दी, इस तरह तो इम्तिहान फ़ंड का दीवाला निकल जाएगा, मिर्ज़ा साहब के हुज़ूर में कुन्दन किसी क़दर शोख़ था। कहने लगा हुजूर इत्तिला करता तो पहले...साहब के घर वालों को करता, आपको करने से क्या फ़ायदा था! मिर्ज़ा साहब ने फ़ौरन उस पर्चे पर भी सुर्ख़ पेंसिल से निशान लगा कर बिल पास कर दिया लेकिन आइन्दा के लिए ये रिआयत हमेशा के लिए उठा ली! चू-अज़ क़ौमे यके बे-दानिशी कर्द![35]

मिर्ज़ा साहब ने अन्दरूनी मुम्तहिनों[36] के लिए एक रिआयत और रखी थी। हर साल इम्तिहान की पुरानी कॉपियों से सादे औराक़[37] निकाल कर

नई कॉपियाँ बनाई जाती थीं। हम में से जो लोग मिर्ज़ा साहब के सहीफ़ा-ए-ख़ुशनूदी[38] में कोई मुमताज़ मुक़ाम रखते थे और मौसूफ़ को यक़ीन दिला चुके होते कि हमको लिखने-पढ़ने का काम दूसरों से ज़्यादा करना पड़ता है, उनका मौसूफ़ ने मंसब[39] या वसीक़ा[40] मुक़र्रर कर दिया था। जैसे मुग़लों के हाँ पंच-हज़ारी या सह-हज़ारी मंसब-दार या नवाबान-ए-अवध के हाँ वसीक़े-दार होते थे। उसी तरह मिर्ज़ा साहब के हाँ पंच-सेरी से लेकर आध-सेरी तक के मंसब-दार होते थे, यानी उनको हर साल इतने ही सेर या आध सेर इम्तिहान की कॉपियों से निकाले हुए सादे औराक़ दिए जाते थे। बाज़ उसको मिर्ज़ा साहब के जलूस-ए-शाही का यौम-ए-तक़रीब[41] दूसरे उसको फ़सल की तैयारी और बटाई का ज़माना क़रार देते थे।

ये मंसब-दारी या वसीक़ा-याबी[42] अज़मत इलाही ज़ुबैरी के अहद-ए-रजिस्ट्रारी तक बरक़रार रही। उसके बाद ये क़िस्सा ख़त्म हो गया। कुन्दन के सुपुर्द ये काम था कि ये औराक़ तौल-तौल कर बंडल बाँधता और हमारे घरों पर पहुँचा देता और हम सबकी तौफ़ीक़ के मुताबिक़ इनाम पाता। कुन्दन ये बंडल लेकर आता तो मैं पूछ लेता क्यों कुन्दन मिर्ज़ा साहब के हुज़ूरी हमारी कार-गुज़ारी में कोई फ़र्क़ तो नहीं आया। तौल ठीक है? कहता हुज़ूर बिलकुल ठीक है, ख़ातिर-जमा[43] रखें। एक दिन कुन्दन की अमलदारी में से गुज़रा। नई कॉपियों के लिए पुरानी कॉपियाँ फाड़ी जा रही थीं। पूछा, कुन्दन हमारे वसीक़े का क्या हुआ, बोला, हुजूर अब नबाबी (नवाबी) नहीं रही। दूसरे अमलदारी है। मैंने कहा कोई बात नहीं, तुम तो अपना वसीक़ा वसूल करने के लिए नवाबी ज़माने वालों के पास आ ही जाया करो।

कुछ दिनों बाद मिर्ज़ा साहब रजिस्ट्रार हो कर पटने चले गए और इम्तिहानात के लिए, जहाँ तक सीटें फ़राहम करने और उनको तरतीब देने का सवाल था, कुन्दन को पूरे इख़्तियारात मिल गए। इम्तिहानात से आगे बढ़कर सरकारी और ग़ैर-सरकारी तक़रीबों में नशिस्तों[44] के इन्तिज़ाम का

फ़रीज़ा भी रफ़्ता-रफ़्ता कुन्दन के हिस्से में आ गया। इख़्तियारात का क़ायदा ये है कि वो कहीं से किसी को तफ़्वीज़ किए जाते हैं, बाज़ लोग जोड़-तोड़ से हासिल करते हैं, कुछ लोग ऐसे भी होते हैं जो बज़्म-ए-मय[45] में कोताह-दस्ती[46] के क़ाइल नहीं होते बल्कि ख़ुद बढ़ कर हाथ में उठा लेते हैं तो मीना उन्हीं का हो जाता है। लेकिन कहीं-कहीं ऐसे अश्ख़ास भी मिलते हैं जिनकी तरफ़ इख़्तियारात ख़ुद खिंचे चले जाते हैं जैसे पानी नशेब[47] की तरफ़ माइल होता है, उन ही में से एक कुन्दन था। तक़रीब कहीं कैसी हो, वक़्त कम हो, मेहमानों के बैठने का सामान फ़राहम करने में कितनी ही दुश्वारियाँ क्यों न हाइल हों, गुज़श्ता 30-40 साल से ये मुहिम कुन्दन इस ख़ूबी से अंजाम देता था कि सब हैरान रह जाते।

मुस्लिम यूनिवर्सिटी में यूँ भी तरह-तरह की जितनी छोटी-बड़ी साफ़-सुथरी तक़रीबें सला-ए-आम[48] के उसूल पर मुनअक़िद होती रहती हैं मेरा ख़याल है हिन्दुस्तान में शायद ही कहीं और, इतने से मुख़्तसर रक़्बे और आबादी में जितनी कि यूनिवर्सिटी की है, होती हों। ये अच्छा है या बुरा इस बहस से क़त-ए-नज़र[49] वाक़िआ वही है जो बयान किया गया। इन तक़रीबों से ख़ूबी का ख़राबी का ग़ालिबन वो तक़ाज़ा या तवाज़ुन नीम शऊरी तौर पर पूरा कर लिया जाता है जो बड़े-बड़े शहरों मसलन दिल्ली, कलकत्ता, बम्बई वग़ैरा का इम्तियाज़ या आशोब[50] समझा जाता है। यूनिवर्सिटी के बड़े ओहदा-दारों की एक अहम सिफ़त[51] और उनकी सबात-ओ-सेहत-ओ-हवास[52] का क़वी-सबूत[53] एक ये भी समझा जाता है कि उन्होंने एक हफ़्ता तक यूनिवर्सिटी के खाने-पीने की सारी तक़रीबों में जहाँ वो बिल-ज़रूर मदऊ[54] होते हैं, ख़ुर्द-ओ-नोश[55] के साथ शिरकत की और अपने मुआलिज[56] से सुर्ख़-रू[57] रहे।

किसी शोबे या शोबे[58] के किसी कमरे में कितने डेस्क और कुर्सियाँ हैं, कैसी हालत में हैं, कितनी टूट-फूट में आ गईं, उनके बदले में कितनी और आईं, उसकी ख़बर जितनी कुन्दन को थी, ख़ुद शोबे के चपरासी को न थी।

इम्तिहान का कारोबार पहले की निस्बत बहुत बढ़ गया है। फ़र्नीचर की कमी, वक़्त की तंगी, कमरों की कमी इन सबसे निपटने के लिए कुन्दन की 'एक शख़्सी वज़ारत'[59] का मश्वरा और मदद लाज़िमी थी। कुन्दन ही बता सकता था कि ज़्यादा से ज़्यादा कितनी नशिस्तों का कहाँ-कहाँ किस तरह इन्तिज़ाम हो सकता है। इम्तिहान क़रीब होता तो हर शोबा के सद्र के नाम रजिस्ट्रार ऑफ़िस से एक गश्ती मुरासला[60] आ जाता कि इम्तिहान के लिए ज़्यादा से ज़्यादा जितनी कुर्सी और डेस्क मुहय्या किए जा सकें, शुक्र-गुज़ारी के मूजिब होंगे, ये ख़त लेकर कुन्दन जाता। पूछा, "कुन्दन कैसे किधर आ निकले?" "हुज़ूर इम्तिहान है न, कुर्सी डेस्क चाहिए।" "भई ये हमेशा का धन्धा है। इसमें ऐसा पूछना क्या। मियाँ ख़ान (शोबे का चपरासी) और तुम आपस में समझ लो।" कुन्दन सामान उठवा ले जाता। इम्तिहान के ख़त्म होने पर हर कुर्सी और डेस्क उसी कमरे में उसी क़रीने से रखी हुई मिल जाती जिस तरह ले जाई गई थी।

शोबा के फ़र्नीचर पर नाम और नम्बर का इन्दिराज बहुत बाद की चीज़ है, इससे पहले उन पर पहचान का कोई निशान न होता। लेकिन कुन्दन के पहचान और अटकल को क्या कहिए कि हज़ारों मेज़ कुर्सियों को पहचानता था कि उनका घर कहाँ है, किस ख़ानदान की हैं, उनको वहीं पहुँचा देता। फ़र्नीचर के घरानों (शोबे जात जिनकी अमानत और निगह-दाश्त में वो फ़र्नीचर थे) में किसी को भी इसकी शिकायत नहीं हुई कि किसी यात्रा या मेले में उसका कोई अज़ीज़ ग़ायब हो गया या किसी को अग़वा कर लिया गया।

कॉन्वोकेशन (जलसा-ए-तक़सीम-ए-अस्नाद) की तक़रीब आम तौर से साढ़े ग्यारह बजे से शुरू हो कर डेढ़ पौने दो बजे ख़त्म होती है। उसी पण्डाल में तक़रीबन इतने ही अश्ख़ास के लिए अस्र में चाय का इन्तिज़ाम किया जाता है। कान्वोकेशन का जलसा जिस नौइय्यत[61] का होता है जिस तरीक़े से जैसे गुंजान नशिस्तों का इन्तिज़ाम किया जाता है चाय के लिए उससे बिलकुल

मुख़्तलिफ़ तरतीब लाज़िम आती है। जलसे में छोटी मेज़ों की ज़रूरत नहीं होती, चाय के लिए होती है। फिर हर मेज़ के गिर्द चार या छः मेहमानों के बैठने के लिए इन्तिज़ाम। तीन घण्टे के अन्दर-अन्दर उसी तरह की सदहा मेज़ों का लगाना और सजाना और सुब्ह की तरतीब को यकलख़्त[62] बदल देना आसान काम नहीं है। दोपहर के जलसे में जो हज़रात शरीक हुए थे, सह-पहर को चाय पर आए तो देखा कि सारा नक़्शा ही बदला हुआ है, जैसे सुब्ह का जलसा कहीं और नहीं तो किसी और दिन हुआ था। इसी पण्डाल में रात को मुशायरा होने वाला था। बैठने का इन्तिज़ाम फिर बदला जाएगा। जैसे देते हों धोखा ये बाज़ीगर खुला। रात गए तक 'ये हंगामा-ए-शेर-ओ-सुख़न' बरपा रहेगा। दूसरे दिन कुन्दन एंड कम्पनी तमाम मेज़ कुर्सियाँ हस्ब-ए-मामूल अपनी-अपनी जगह पर पहुँचा देंगे।

जलालत-उल-मलिक शाह सऊद और आला हज़रत शहंशाह-ए-ईरान के मुख़्तलिफ़ औक़ात[63] में दुरूद की तक़रीबें लोगों को याद होंगी। छः-सात हज़ार नशिस्तों का इन्तिज़ाम उस मैदान में किया गया था जिसमें अब यूनिवर्सिटी लाइब्रेरी की नई आलीशान इमारत खड़ी है, यहीं उनको एज़ाज़ी[64] डिग्रियाँ दी गई थीं। सह-पहर की चाय का इन्तिज़ाम एक दफ़ा क्रिकेट, दूसरी बार स्विमिंग बाथ लांस पर किया गया था, दोनों तक़रीबों में हस्ब-ए-मामूल मुश्किल से तीन घण्टे का फ़ासला था। पण्डाल का तक़रीबन तमाम फ़र्नीचर इतने ही अर्से में मुन्तक़िल करके प्लान के मुताबिक़ तरतीब देना कुन्दन और उसके रुफ़क़ा[65] का काम था।

उसके बाद इतनी बड़ी पार्टी को सजाने और खाने-पीने की अशिया को हस्ब-ए-मंशा[66] मेज़ों पर चुन देना दूसरे कुन्दनों का काम था। उन्होंने इन पार्टियों का इन्तिज़ाम हस्ब-ए-मामूल इस ख़ुश-उस्लूबी[67] से किया जैसे मालूम नहीं कितनी देर पहले से वो इस एहतिमाम में मसरूफ़ थे, और मालूम नहीं कैसे और कहाँ उन्होंने इस फ़न में दस्तगाह[68] पैदा की थी। अलीगढ़ में हर-

फ़न-मौला नहीं तो हर फ़न के मौला मिल जाएँगे जो अपनी-अपनी वादी के मुसल्लमा तौर पर इमाम माने जाते हैं और काम कितना ही दुश्वार और बड़ा क्यों न हो उसको इस ख़ुश-उस्लूबी से इतना जल्द अंजाम देंगे जैसे उनके पास जादू की कोई छड़ी हो या मुवक्किल क़ब्ज़े में हो।

यूनिवर्सिटी में निजी तक़रीबें भी छोटे-बड़े पैमाने पर हुआ करती हैं। नशिस्तों के लिए मेज़ कुर्सी की फ़राहमी[69] का इन्तिज़ाम कुन्दन के सुपुर्द होता था। बड़े से बड़े पैमाने पर जितनी जल्दी और जिस ख़ूबी से वो ये सब इन्तिज़ाम कर देता और देखते ही देखते सारा फ़र्नीचर सही-ओ-सालिम अपनी-अपनी जगह पर वापस पहुँचा देता वो सिर्फ़ उसी के बस की बात थी। चीख़-पुकार न दौड़-धूप न तू-तकार, काम इस तरह अंजाम पाता जैसे काम किया नहीं जा रहा है बल्कि ख़ुद होता जा रहा है जैसे दिन-रात का तवातुर[70]। साथी काम करने वालों का जितना पक्का तआवुन[71] कुन्दन को नसीब था कम देखने में आया। कभी बाज़ मेम्बरान स्टाफ़ को कहीं से फ़र्नीचर मँगाने या मिलने में नज़ाकतों का सामना होता, ये मरहला कुन्दन बड़ी आसानी से तय कर लेता, उसका किसी शोबा में जाकर महज़ ये कह देना काफ़ी होता था कि फ़ुलाँ साहब के हाँ फ़ुलाँ तक़रीब है, फ़र्नीचर चाहिए। इस कहने को कोई नहीं टालता था। हुज्जत या टाल-मटोल तो उससे की जाती जिसके हाँ तक़रीब थी। लेकिन माँगने वाला तो कुन्दन था। वो हर एक की ख़िदमत कर चुका था, उसको कौन न मानता।

मेरा ख़याल है कुन्दन शायद इससे ज़्यादा नहीं जानता था कि टूटे-फूटे हिन्दी रस्म-उल-ख़त में कुछ हिन्दसे या एक-आध इबारत नोट कर लेता हो लेकिन उसकी अटकल और क़ुव्वत-ए-हाफ़िज़ा[72] ग़ैर-मामूली थी। अपने कामों के अलावा मुद्दतों वो इम्तिहान के दफ़्तर में बहुत से काम अंजाम देता रहा। उस दफ़्तर में काम करने की ज़िम्मेदारी हर शख़्स के सुपुर्द नहीं की जा सकती ता-वक़्ते कि उस पर कामिल भरोसा न हो। कुन्दन की ईमानदारी और

रास्त-बाज़ी[73] हर शख़्स के नज़दीक इतनी मुसल्लम और मुस्तहकम[74] थी कि इम्तिहान के दफ़्तर ही का नहीं दूसरे सरकारी, नीम सरकारी और प्राइवेट काम बे-तकल्लुफ़ सुपुर्द कर दिए जाते थे। कुन्दन के बयान पर कोई जिरह नहीं करता था। वो जो कह देता लोग मान लेते। दफ़्तर ने एक बार बिलकुल नई सरकारी बाइसिकल पर उसे बैंक या सेंट्रल पोस्ट ऑफ़िस किसी ज़रूरी काम से भेजा। कुन्दन ने आकर बताया कि साइकिल कोई उठा ले गया। इसकी इत्तिला तो एहतियातन पुलिस को कर दी गई लेकिन यूनिवर्सिटी में किसी ने कुन्दन से सवाल-जवाब नहीं किया। ये बात मान ली गई कि साइकिल चोरी हो गई और बस।

इम्तिहान के कॉपियों का एक बंडल किसी मुम्तहिन के पते पर बाहर भेजा गया, कुछ अर्सा बाद मालूम हुआ कि मुम्तहिन को वो पार्सल नहीं मिला। वहाँ के रेलवे के दफ़्तर से पूछा गया तो जवाब आया कि पार्सल सिरे से वसूल ही नहीं हुआ, ये बहुत बड़ा स्टेशन था, जहाँ के गोदाम में पार्सलों की ऐसी कसरत होती है कि कहीं कोई गड़बड़ हो जाएगी तो किसी ख़ास पार्सल तक रसाई ना-मुमकिन हो जाती है।

इस मुहिम पर कुन्दन को मामूर किया गया। उसने जाकर स्टेशन पर इधर-उधर दरयाफ़्त किया। बाबुओं ने जैसा कि उनका क़ायदा है कभी इंकार किया, कभी टालना चाहा, बिल-आख़िर कुन्दन ने वो तेवर और लहजा इख़्तियार किया जो कभी-कभी ब-दर्जा मजबूरी वो यहाँ अपनी सफ़र-मैना[75] के बाज़ मेम्बरों से इख़्तियार करता था और कहा कि पार्सल घर में ले चलो मैं ख़ुद तलाश कर लूँगा। ये ऑफ़र या चैलेंज उनको क़ुबूल करना पड़ा। उसने जाकर पार्सलों के जंगल में से अपना पार्सल पहचान कर निकाल लिया। इम्तिहान का ज़माना था, इम्तिहान ही के तरह-तरह के बेशुमार दूसरे पार्सलों के अलावा यकसाँ रंग के मालूम नहीं कितने और पार्सल कहाँ-कहाँ से आए हुए तले ऊपर गड-मड रखे होंगे। उन्हीं से कुन्दन का अपने पार्सल को

दरयाफ़्त कर लेना कितने अचम्भे की बात है।

1947 की क़यामत बरपा थी। अलीगढ़ के नवाह में क़त्ल ग़ारत-गरी की जैसी होश-रुबा[76] ख़बरें आती थीं और हर तरफ़ मायूसी और दरमान्दगी[77] का जो आलम तारी था उसका अन्दाज़ा कुछ वही लोग कर सकते हैं जो इस ज़माने में यहाँ थे। कुन्दन का मकान दोधपुर में था जो यूनिवर्सिटी से मिला हुआ एक मुख़्तसर से गाँव की शक्ल में उस सड़क के हर दो तरफ़ आबाद है जो यूनिवर्सिटी फ़ार्म को चली गई। यूनिवर्सिटी खुली होती तो तक़रीबन हर रोज़ कुन्दन से दो-चार होने का इत्तिफ़ाक़ हो जाता। पूछता, "कहो कुन्दन कब तक ये ख़ून-ख़राबा रहेगा? गाँव में क्या ख़बर है?" कुन्दन सर झुका लेता जैसे नदामत[78] और रंज के बोझ से दबा जा रहा हो। कहता, "हुज़ूर कॉलेज पर सय्यद साहब की दुआ है। सब ख़ैरियत रहेगी। कॉलेज का बड़ा नमक खाया है, परमेसर लाज रख ले!" उस ज़माने में मैंने कुन्दन से ज़्यादा मुज़तरिब यूनिवर्सिटी में किसी और हिन्दू को न पाया, जैसे वाक़ई वो अपने आपको सय्यद साहब के सामने जवाबदेह समझता हो।

उस ज़माने में यूनिवर्सिटी के एक मुसलमान घराने के बच्चे दिल्ली के एक ऐसे मुहल्ले में घिर गए जहाँ हादिसे वक़ूअ[79] में आ रहे थे। न कोई जा सकता था न वहाँ से कोई बाहर निकल सकता था। किसी तरह की मदद कहीं से पहुँचाने की सबील नहीं निकलती थी। अलीगढ़ में ख़ानदान वाले जिस बेक़रारी के आलम में थे, वो बयान से बाहर है। इस वाक़िए[80] का इल्म कुन्दन को हुआ तो उसने बे-तकल्लुफ़ अपनी ख़िदमात पेश कर दीं, सूरत-ए-हाल ऐसी थी कि इस मुहिम में ख़ुद कुन्दन की जान का ख़तरा कुछ कम न था लेकिन उसने इस पर बिलकुल ध्यान नहीं दिया। अता-पता दरयाफ़्त किया और बे-मुहाबा दिल्ली की आग में कूद पड़ा। सबको निकाला और ब-हिफ़ाज़त-तमाम अलीगढ़ लाकर उनके घर पहुँचा दिया। कैसे-कैसे ख़तरात का किस दिलेरी और अक़्लमन्दी से कहाँ-कहाँ उसने मुक़ाबला किया उसका

ज़िक्र उसने ख़ुद कभी नहीं किया लेकिन जिनको छुड़ा लाया था वो बताते थे कि कुन्दन पर कब क्या गुज़री।

कुन्दन ने इस यूनिवर्सिटी में अपने तमाम छोटे-बड़े हम-मज़हबों की तरफ़ से ये ख़िदमत ऐसी अंजाम दी है जिसको भुलाया नहीं जा सकता और वो लोग तो ख़ासतौर पर नहीं भूल सकते जिन पर वो ज़माना गुज़रा है। बड़े आदमी छोटी बात करके भी बड़े बने रहते हैं। छोटा आदमी बड़े काम करके भी छोटा ही रह जाता है। इसे क्या कहिए या कह कर कोई क्या करेगा।

अर्से बाद हालात कुछ राह पर आए तो एक दिन यूनिवर्सिटी में सदा सुनाई दी कि क़लन्दरों ने कुन्दन को दोधपुर का राज प्रमुख क़रार दे दिया। पूछा, "क्यों कुन्दन चुपके-चुपके राज प्रमुख बन गए, ख़बर न की।" बोला "हुज़ूर, ये लड़के हैं न जब चाहें ख़ुद राज प्रमुख बन जाएँ। जब चाहें दूसरे को बना दें। इनका क्या?"

स्ट्रैची हॉल के दाएँ-बाएँ ज़ीनेदार दो रास्ते हैं जिनके सरों पर आलीशान खुले महराबी दरवाज़े हैं जिनसे सय्यद महमूद और सर सय्यद कोर्ट में आमद-ओ-रफ़्त[81] रहती है। उन रास्तों से मुतवाज़ी[82] आमने-सामने सह दरियाँ हैं जिनके पहलू में एक-एक कोठरी है। उनमें से एक कुन्दन के क़ब्ज़े में थी, मालूम नहीं कब से। यूनिवर्सिटी खुली हो उधर से गुज़रे तो कुन्दन अक्सर सह दरी में बैठा बीड़ी पीता या किसी से बात करता मिलता। स्टाफ़ का कोई मेम्बर हो या ऑफ़िस का कोई ओहदा-दार, देख कर फ़ौरन खड़ा हो जाता, सलाम करता मिज़ाज पूछता, कभी-कभी ये भी पूछ लेता कि कोई ख़िदमत हो तो बजा लाऊँ। जब तक दरवाज़े से गुज़र न जाएँ खड़ा रहता। तकरीम[83] के ख़याल से भी और शायद ज़िम्मेदारी के इस तक़ाज़े की बिना पर भी जिसका मुम्किन है नीम शऊरी तौर पर एहसास हो कि उसकी अमलदारी से आप ख़ैरियत से ख़ुश-ख़ुश गुज़र जाएँ।

उम्र सत्तर के लगभग रही होगी। शक्ल से पचास से ज़्यादा का मालूम

नहीं होता था। कभी-कभी इस तरह का एहसास भी हुआ जैसे कुन्दन की उम्र एक ख़ास हद पर आकर ठहर गई हो। कम-से-कम मुझे उसके क़वी शक्ल-ओ-सूरत व रफ़्तार-ओ-गुफ़्तार में अर्से से नुमायाँ तब्दीली महसूस नहीं हुई। मुम्किन है जिसे रोज़ देखते और अज़ीज़ रखते हों वो ऐसा ही मालूम होता हो।

दरमियाना क़द, गन्दुमी रंग, पतला नक़्शा, मामूली जुस्सा, मज़बूत जिस्म, घण्टे ही की तरह बजती हुई पाटदार आवाज़, चेहरा बुशरा शरीफ़ाना और मर्दाना। किस बला का मुस्तइद और मेहनती ये शख़्स था। न दिन देखता न रात, न सर्दी न गर्मी, न बारिश। कभी कोई कहता, कुन्दन बूढ़े हो इतनी मेहनत न किया कर तो वही कलमा दोहरा देता जो उसका तकिया कलाम सा बन गया था यानी हुजूर कॉलेज का नमक खाया है। परमेसर निबाह दे।

यूनिवर्सिटी की दी हुई वर्दी ख़ाकी या भूरे रंग का कोट कभी पाजामा कभी धोती पहने अपनी अमलदारी में विक्टोरिया गेट से लेकर बाब-ए-इसहाक़ तक गश्त लगाता रहता। आज वो फ़िज़ा उन लोगों को कितनी सूनी और सोगवार[84] मालूम होती होगी जिन्होंने 30-35 साल तक मुसलसल कुन्दन को काम करते और इस नवाह[85] में चलते-फिरते देखा था और उसकी मौजूदगी को यूनिवर्सिटी के अहम और ग़ैर-मुनक़ते[86] मामूलात से ताबीर[87] करने के आदी हो चुके थे।

एक दिन मैंने कहा, "कुन्दन तुम अपने इस बारहमासी यूनिफ़ॉर्म (भूरे कोट) में ख़ासतौर से जब अपनी पलटन के साथ काम पर होते हो तो नेपोलियन जैसे मालूम होते हो। नेपोलियन को जानते हो कौन था?" बोला, "मैं जाहिल क्या जानूँ?" मैंने कहा, "हिस्ट्री डिपार्टमेंट तुम्हारे साये में बसा हुआ है, किसी दिन वहाँ पूछ आना। एक ज़माने में काले-कोसों दूर विलायत में तुम्हारे ही तरह वो भी घण्टे बजाता रहता और क्लास के तालिब-इल्मों की तरह वहाँ के लोगों और वहाँ की राजधानियाँ उलट-पलट होती रहतीं।"

आख़िर ज़माने में कुन्दन ने अपने लिए एक बड़ा और अच्छा सा घर

बनवाना शुरू कर दिया था। 'कॉलेज का नमक खाने का' एक तसर्रुफ़[88] ये भी है कि हम में से हर शख़्स चाहे वो मंसब या दौलत के ऐतबार से छोटा हो या बड़ा, तक़रीब मनाने, तालीम दिलाने और मकान बनाने का मंसूबा बड़े ही पैमाने पर बाँधता है। सितम ये कि अपना ही नहीं दूसरे का काम भी उसी पैमाने पर करने कराने या देखने का जी चाहता है। उसका ख़मयाज़ा भी भुगतना पड़ता है लेकिन अब तक इस 'हरकत' से किसी को बाज़ आते नहीं देखा गया।

कुन्दन की नज़र और निगरानी में सर सय्यद की बनाई हुई इमारतें रहीं। स्ट्रेची हॉल का वो तन्हा तमाम उम्र कलीद-बर्दार[89] रहा, ये मज़बूत शानदार तारीख़ी इमारतें उसके ज़ेहन-ओ-दिमाग़ पर मुस्तौली[90] थीं, ज़िन्दगी भर वो इन्हीं इमारतों में बेदार रहा। कॉलेज की तमाम तक़रीबों की बिसात वही बिछाता। ज़ाहिर है इन अवामिल[91] का असर उसके फ़िक्र-ओ-अमल पर कैसा पड़ा होगा। 'कॉलेज का नमक खाने का' एक और असर भी है, सब असरों से ज़्यादा कारी और ख़तरनाक जो कुन्दन क्या वक़्त पर सभी भूल जाते हैं या ख़ातिर में नहीं लाते, वो ये कि जितना बड़ा मंसूबा ज़ेहन में आता है उसको पूरा करने के वसाइल[92] इतने ही महदूद होते हैं। कुन्दन भी इसी तक़दीर का शिकार हुआ।

तामीर के इख़राजात आमदनी की रफ़्तार और मिक़दार से दिन-ब-दिन तेज़ी से बढ़ने लगे। इसी ऐतबार से फ़िक्र और परेशानी में इज़ाफ़ा हुआ। उसके क़रीब जो लोग थे, उनका बयान है कि इस तामीर के चक्कर में कुन्दन अध-मुआ हो गया था। अक़रिबा[93] की बे-मेहरी[94] और सख़्त-गीरी[95] ने बक़िया कमी भी पूरी कर दी। ऐसे में ऐसा ज़रूर होता है। सोचने की बात है ना-क़ाबिल-ए-तस्ख़ीर[96] कुन्दन ने कहाँ पहुँच कर शिकस्त क़ुबूल की। शायद कुन्दन को बचाया जा सकता था।

कुन्दन के बारे में जैसे ख़यालात ज़ेहन में आए और जिस तरह के

जज़्बात उमड़े उनकी क़द्र-ओ-क़ीमत का अन्दाज़ा इस तरह कर सकते हैं कि उसकी जिन बातों से और मुद्दत-उल-उम्र[97] की ग़ैर-मुनक़ते वफ़ा-शिआरी[98] और फ़र्ज़-शनासी[99] से जो तास्सुरात एक नॉर्मल शख़्स के दिल में बे-इख़्तियार तारी हो जाते हैं उनको रोका जा सकता है या उनसे रू-गर्दानी[100] की जा सकती है या नहीं। अगर नहीं की जा सकती तो आज बिलकुल दुनिया का चाहे जैसा रंग-ढंग हो कुन्दन की याद ताज़ा रहेगी। हम में बहुत से ऐसे होंगे बिल-ख़ुसूस नौ-वारिद[101] जो इससे वाक़िफ़ न होंगे, वो तो ख़ैर घण्टा बजाने वाला एक मामूली शख़्स था। ये इदारा[102] अब इतना फैल गया है और फैलता जा रहा है कि ख़ुद स्टाफ़ के बहुत से अराकीन[103] आज या कल एक दूसरे से वाक़िफ़ न हो पाएँगे। इस सूरत-ए-हाल पर मातम करना सवाब का काम नहीं है, लेकिन इसको क्या कीजिए कि जब तक हम 'गुज़श्ता से पैवस्ता' में गुज़श्ता का ज़िक्र-ए-ख़ैर एक ऐसी रिवायत है (और यही ऐसी रिवायत है) जो अब तक बदली है न कभी बदलेगी।

आज की दुनिया में ये बात ख़ासतौर पर देखने में आती है कि वो इतनी देर तक नई नहीं रहती जितनी जल्द पुरानी हो जाती है, ये साइंस के नित-नए इंकिशाफ़ात और ईजादात का करिश्मा है। पुरानी दुनिया में ज़्यादा देर तक पुरानी बने रहने की सलाहियत थी। पुरानी दुनिया की ये बात क़ाबिल-ए-फ़ख़्र है या नई दुनिया की वो, इस पर यहाँ कौन बहस करे। क़ाबिल-ए-लिहाज़ और क़ाबिल-ए-फ़ख़्र तो वो शख़्सियतें हैं जो नई-पुरानी की क़ैद से आज़ाद होती हैं। ऐसी ही एक शख़्सियत कुन्दन की थी।

1 ज्ञानार्जन 2 सेवाकाल 3 दिनचर्या 4 वह काम जिसे जिस्म की मदद से किया जाए 5 बौद्धिक 6 हमेशा की तरह 7 ना-समझी 8 प्रकृति का प्रबन्धन 9 सन्तुष्टि 10 शोबदा का बहुवचन (जादू) 11 अर्थहीन जादू 12 पहना हुआ 13 सुन्दर 14 अच्छे बर्ताव वाला 15 नियत समय 16 शिक्षक 17 प्रतिष्ठा 18 आदर, सत्कार 19 मिठास 20 दिखावा, बनावट 21 ज़िन्दगी 22 योद्धा 23 विश्वसनीय 24 अन्ततः 25 नेकी में तुझ जैसा है या बुराई में मुझ जैसा 26 असमान 27 उपनाम 28 झाड़ू 29 दर्जे के लिहाज़ से 30 पंक्तिबद्ध 31 भरपाई 32 नियुक्त किया हुआ 33 व्यय 34 सूचना 35 जब क़ौम के किसी आदमी से जहालत हो जाए 36 आन्तरिक पर्यवेक्षक 37 पन्ने 38 रज़ामन्दी की किताब 39 ओहदा, पद 40 अनुबन्ध 41 आयोजन के दिन 42 सहमति पत्र पाना 43 इत्मीनान 44 बैठक 45 शराब की महफ़िल 46 हाथ बढ़ाने से कतराना 47 ढलान 48 आमजन के हित में 49 हट कर 50 हंगामा, बला 51 विशेषता, गुण 52 तन्दुरुस्ती और वैचारिक दृढ़ता 53 दृढ़ सबूत 54 आमंत्रित 55 खाने-पीने 56 डॉक्टर 57 सम्मानित 58 विभाग 59 मंत्रालय 60 पत्र, नोटिस 61 प्रकार 62 पूरी तरह से 63 वक़्त का बहुवचन (समय) 64 सम्मान के लिए 65 रफ़ीक़ का बहुवचन (मित्र) 66 चाहत के मुताबिक़ 67 सही ढंग 68 महारत 69 उपलब्धता 70 निरन्तरता 71 सहायता 72 स्मरण शक्ति 73 सदाचार 74 सुदृढ़ 75 ज़मीन खोदना, फ़ौज की वह टुकड़ी जो सुरंग खोदने का काम करती है 76 होश उड़ाने वाला 77 बेचारगी, बेबसी 78 शर्मिन्दगी 79 घटित होना 80 घटना 81 आना और जाना 82 समानान्तर 83 प्रतिष्ठा 84 शोक सन्तप्त 85 आस-पास 86 अखण्डित 87 अभिप्राय 88 इस्तेमाल, उपभोग 89 वह नियुक्त व्यक्ति जिसके पास चाबी रहती है 90 छा जाने वाला 91 कारकों 92 साधन 93 परिजन 94 बेरुख़ी 95 सख़्ती 96 अजेय 97 जीवन भर 98 वफ़ादारी 99 ईमानदारी 100 इंकार 101 आगन्तुक 102 संस्था 103 सदस्यगण

मिर्ज़ा चपाती

अशरफ़ सबूही
(1905 - 1990)

ख़ुदा बख़्शे मिर्ज़ा चपाती को, नाम लेते ही सूरत आँखों के सामने आ गई। गोरा रंग, बड़ी-बड़ी उबली हुई आँखें, लम्बा क़द, शानों पर से ज़रा झुका हुआ। चौड़ा शफ़्फ़ाफ़[1] माथा। तैमूरी दाढ़ी, चंगेज़ी नाक, मुग़लई हाड़। लड़कपन तो क़िले की दर-ओ-दीवार ने देखा होगा। जवानी देखने वाले भी ठण्डा साँस लेने के सिवा कुछ नहीं कह सकते। ढलता वक़्त और बुढ़ापा हमारे सामने गुज़रा है। लुटे हुए ऐश की एक तस्वीर थे। रंग रोग़न उतरा हुआ मुहम्मद शाही खिलौना था जिसकी कोई क़ीमत न रही थी।

कहते हैं कि दिल्ली के आख़िरी ताजदार ज़फ़र के भाँजे थे। ज़रूर होंगे। पोतड़ों की शाह-ज़ादगी ठीकरों में दम तोड़ रही थी, लेकिन मिज़ाज में रंगीलापन वही था। जली हुई रस्सी के सारे बल गिन लो। जब तक जिए पुरानी वज़ा को लिए हुए जिए। मरते-मरते न कबूतर-बाज़ी छूटी, न पतंग-बाज़ी। मुर्ग़े लड़ाए या बुलबुल, तैराकी का शुग़ल[2] रहा या शोबदे बाज़ी का। शतरंज के बड़े माहिर थे। ग़ायब खेलते थे ख़ुदा जाने ग़दर में ये क्यूँकर बच गए और जेल के सामने वाले ख़ूनी दरवाज़े ने उनके सर की भेंट क्यों न क़ुबूल की? अंग्रेज़ी अमलदारी हुई। बदअमनी का कोई अन्देशा न रहा तो मराहिम-ए-ख़ुसरवाना[3] की लहर उठी। ख़ानदान-ए-शाही की परवरिश का ख़याल आया, पेंशनें मुक़र्रर हुईं। मगर बरा-ए-नाम। साढ़े तेरह रुपये मिर्ज़ा चपाती के हिस्से में आए। अल्लाह-अल्लाह क्या ज़माने का इंक़िलाब है। एक ज़रा से चक्कर में तक़दीर हज़ार क़दम पीछे हट गई।

लेकिन साहब-ए-आलम मिर्ज़ा फ़ख़रुद्दीन उर्फ़ मिर्ज़ा फ़ख़रू अल-मुलक़्क़ब-बिही[4] मिर्ज़ा चपाती ने मर्दानावार ज़िन्दगी गुज़ारी। घर-बार जब

कभी होगा, होगा। हमारी जब से याद अल्लाह हुई दम-ए-नक़्द[5] ही देखा। क़िले की गोद में बाज़ियों के सिवा और सीखा ही क्या था। अपने वालिद रहीमुद्दीन हया से एक फ़क़त शायरी विरसे में मिली थी। पढ़ना-लिखना आता न था, फिर ज़बान तोतली। मगर हाफ़िज़ा इस बला का था कि सौ-सौ बन्द के मुसद्दस अज़बर[6] थे। क्या मजाल कि कहीं से कोई मिसरा भूल जाएँ। गोया ग्रामोफ़ोन थे, कूक दिया और चले।

हाज़िर दिमाग़ ऐसे कि एक मर्तबा दिल्ली की मशहूर डेरादार तवाइफ़ दुवन्नी जान जो अधेड़ उम्र की औरत हो चुकी थीं कहीं सामने से आती नज़र आईं। उन्हें देख कर मिर्ज़ा के किसी दोस्त ने कहा कि उस्ताद इस वक़्त दुवन्नी जान पर कोई फबती हो जाएगी तो मज़ा आ जाए। भला मिर्ज़ा साहब कहाँ चूकने वाले थे। फ़ौरन बोले

घिसते-घिसते हो गई इतनी मलट
चार पैसे की दुवन्नी रह गई

इस तरह एक दिन किसी शख़्स ने मिर्ज़ा साहब के सामने ये मिसरा पढ़ा, सर अदू[7] का हो नहीं सकता मेरे सर का जवाब। और इस पर मिसरा लगाने की फ़रमाइश की। मिर्ज़ा साहब ने उसी वक़्त बेहतरीन मिसरा लगाकर इस तरह एक आला पाया का शेर बना दिया:

शह[8] ने आबिद[9] से कहा बदला न लेना शिम्र[10] से
सर अदू का हो नहीं सकता मेरे सर का जवाब

क़िला मरहूम के हालात और मौजूदा तहज़ीब पर उनकी नोका-झोंकी जितनी मज़ा देती थी, वो मेरा दिल ही जानता है। कभी-कभी वो मुझे पतंग-बाज़ी के दंगलों में ले जाते थे। मुर्ग़ और बुलबुलों की पालियाँ भी दिखाईं। तैराकी के मेलों में भी ले गए। कबूतर भी मुझे दिखा-दिखा कर उड़ाए। सब कुछ किया, मैं जहाँ था वहीं रहा। हर जगह उनका दिमाग़ खाया। उन्हें भी

मेरी ख़ातिर ऐसी मंज़ूर थी कि बा-दिल-ए-ख़्वास्ता[11] या ना-ख़्वास्ता वो सब कुछ मुझे बताते।

एक दिन दोपहर के कोई दो बजे होंगे। बरसात का मौसम था। कई घण्टे की मूसलाधार बारिश के बाद ज़रा बादल छटे थे कि हज़रत मामूल के ख़िलाफ़ मेरे पास तशरीफ़ लाए। मुँह बना हुआ। आँखें उबली हुई। चेहरे से ग़ुस्सा टपक रहा था। मैंने कहा, ख़ुदा ख़ैर करे आज तो साहब-ए-आलम के तेवर कुछ और हैं। कई मिनट तक ख़ामोश बैठे रहे और मैं उनका मुँह तकता रहा। ज़रा साँस दुरुस्त हुआ तो बोले, "सय्यद! इस पठानचे का टेटर मग़्ज़ापन भी देखा। बड़ा अफ़लातून बना फिरता है। बावा तो झुक-झुक कर मुजरा करते करते मर गया, ये बाबू बन कर याबू[12] की तरह दुलत्तियाँ झाड़ता है। है शर्त कि चार जामा कस दूँ, सारी टरफ़िश निकल जाएगी।"

मैं : मैं बिलकुल नहीं समझा। हुआ क्या? कौन पठानचा?

मिर्ज़ा : ऐसे नन्हे समझे ही नहीं। मियाँ वही काले ख़ाँ का लड़का जो कचहरी में नौकर है।

मैं : मुनीर। क्या उसने कुछ गुस्ताख़ी की?

मिर्ज़ा : गुस्ताख़ी! न हुआ हमारा ज़माना ख़ानदान भर को कोल्हू में पिसवा देता।

मैं : बड़ा नालायक़ है क्या बात हुई?

मिर्ज़ा : हुआ ये कि मैं कबूतरों का दाना लेने निकला। गली के नुक्कड़ पर बनिये की दुकान है। नालियों में धाँए-धाँए पानी बह रहा था। सारी गली में कीचड़ ही कीचड़ थी। मुहल्ले वालों ने जा-ब-जा[13] पत्थर रख दिए थे कि आने-जाने-वाले उन पर पाँव रख कर गुज़र जाएँ। देखता क्या हूँ वो अकड़े ख़ाँ बीच गली में खड़े हुए एक ख़्वाँचे वाले से झक-झक कर रहे हैं। गली तंग, कीचड़ और पानी। पत्थरों पर उनका क़ब्ज़ा। कोई भला उस पर गुज़रे तो

कहाँ से? मैंने कहा कि मियाँ रास्ता छोड़ कर खड़े हो। ये कौन सी इंसानियत है कि सारा रास्ता रोक रखा है। टर्राकर जवाब दिया कि चले जाओ। मुझे ताव आ गया। बोला कि तुम्हारे सर पर से जाऊँ। बस फिर क्या था, जामे से बाहर निकल पड़ा। वो तो पास पड़ोस के दो-चार आदमी निकल आए और बीच-बचाव करवा दिया वर्ना आज या वो नहीं था या मैं। ख़ैर जाता कहाँ है। आज के थप्पे आज ही नहीं जला करते।

मैं : साहब-ए-आलम। आप अपनी तरफ़ देखिए। जो ज़र्फ़ में होता है वही छलकता है। आने दीजिए वो डाँट बताऊँ कि हाथ जोड़ते बने... सुना है कि क़िले के आख़री दौर ही में शहर की हालत बदल गई थी। न छोटों का रख-रखाव रहा था न बड़ों का अदब।

मिर्ज़ा : तौबा-तौबा तुमने तो दिल्ली को दम तोड़ते भी नहीं देखा। उसका मुर्दा देखा है, मुर्दा। वो भी लावारिस! मियाँ शहर आबादी की बातें क़िले वालों के सदक़े में थीं। जैसे-जैसे वो उठते गए दिल्ली में असलियत का अन्धेरा होता गया। अब तो नई रौशनी है नई बातें। और तो ख़ुदा-बख़्शे दिल्ली की सिफ़तें[14] तुम क्या जानो। पढ़े लिखे हो। शायरी का भी शौक़ है। भला बताओ तो सही उर्दू की कितनी क़िस्में हैं?

मैंने हैरान हो कर पूछा, "साहब-ए-आलम उर्दू की क़िस्में कैसी?" "ये भी एक कही। मुझ पर भी दाँव करने लगे। वाह भई, मालूम हुआ कि तुम दिल्ली वाले नहीं। कहीं बाहर से आकर बस गए हो।" मैं शर्मिंदा था कि क्या जवाब दूँ। मेरे नज़दीक तो सिर्फ़ एक ही क़िस्म की उर्दू थी। ज़्यादा से ज़्यादा अवाम-ओ-ख़वास का फ़र्क़ समझ लो। मगर ये क़िस्में क्या मानी? मुझे चुप देख कर मिर्ज़ा मुस्कुराए और कहने लगे, "सय्यद परेशान न हो। मुझ से सुन और याद रख। भूलियो नहीं, फिर पूछेगा तो नहीं बताऊँगा।" मैं बड़े शौक़ से मुतवज्जो हुआ और उन्होंने अंगरखे के दामन से मुँह पोंछ कर कहना शुरू किया। "देख अव्वल नम्बर पर तो उर्दू-ए-मुअल्ला है जिसको

मामूँ हज़रत और उनके पास उठने-बैठने वाले बोलते थे। वहाँ से शहर में आई और क़दीम[15] शुरफ़ा के घरों में आ छुपी। दूसरा नम्बर कुल आओज़ी उर्दू का है जो मौलवियों, वाइज़ों[16] और आलिमों का गला घोंटती रहती है। तीसरे ख़ुद रंगी उर्दू। ये माँ टेनी बाप कुलंग वालों ने रंग-बिरंग के बच्चे निकाले हैं। अख़बार और रिसालों में इसी क़िस्म की उर्दू, अदब का अछूता नमूना कहलाता है। चौथे हुड़दंगी उर्दू, मसख़रों और आजकल के क़ौमी बल्लम टेरों की मुँह-फट ज़बान है। पाँचवें लफ़ंगी उर्दू है जिसे आका भाइयों की लट्ठमार, कड़ाकेदार बोली कहो या पहलवानों, करख़न्दारों, ज़िला जगत के माहिरों, फब्ती बाज़ों और गुलेरों का रोज़मर्रा। छट्टे नम्बर पर फ़िरंगी उर्दू है जो ताज़ा विलायत अंग्रेज़, हिन्दुस्तानियों, ईसाई टोप लगाए हुए किरानी, दफ़्तर के बाबू, छावनियों के सौदागर वग़ैरा बोलते हैं। फिर एक सरभंगी उर्दू है यानी चरसियों, भंगड़ों, बेनवाओं और तकियेदारों की ज़बान।"

मैंने कहा आज तो बहरा खुला हुआ है। भई ख़ूब तक़सीम है। क्यों न हो आख़िर शाह जहानी देग की खुरचन है। मेरी तरफ़ देख कर एक गहरा ठण्डा साँस भरा। आँखों में आँसू आ गए और कहने लगे, "सय्यद! अभी तुमने क्या देखा है और क्या सुना है। क़िला आबाद होता, दरबार देखे होते तो असली ज़बान का बनाव-सिंगार नज़र आता। अब तो हमारी ज़बान बेसनी हो गई है। वो लचीली चोंचले की बातें, शरीफ़ों के अन्दाज़, अमीरों की आन, सिपाहियों की अकड़-फूँ, वो ख़ादिमाना और ख़ुर्दाना आदाब-ओ-इंकिसार[17], शायरों के लच्छेदार फ़िक़रे, शहरवालों का मेल-जोल, पुराने घरानों के रस्म-ओ-रिवाज, वो मुरव्वत वो आँख का लिहाज़ कहाँ? मजलिसों महफ़िलों का रंग बदल गया, मेले-ठेले, पुराने करतब, अगले हुनर सब मिटते जाते हैं। अशराफ़-गर्दी ने भले-मानुसों को घर बिठा दिया, फ़ील-नशीन[18], पालकियों में बैठने वाले खपरैलों में पड़े हुए हैं, मुफ़्लिसी, नादारी[19] ने रज़ालों के आगे सर झुकवा दिए। मोरी की ईंट चौबारे चढ़ गई। कम-ज़र्फ़ों[20], टेनियों के घर में दौलत फट पड़ी।

ज़माना जब कमीनों की पुश्ती पर हो तो ख़ानदानियों की कौन क़द्र करता? पेट की मार ने सूरतें बिगाड़ दीं, चाल-चलन में फ़र्क़ आ गया। हिम्मत के साथ हमिय्यत[21] भी जाती रही।"

मिर्ज़ा ने ये तक़रीर कुछ ऐसे इबरत-ख़ेज़ लफ़्ज़ों में की कि मेरा दिल भर आया और मैंने गुफ़्तगू का पहलू बदलने की कोशिश की।

मैं : क्यों हज़्ज़त, ग़दर से पहले दिल्ली वालों का लिबास क्या था? दो-चार पुरानी वज़ा के लोग देखने में आए हैं। उनकी बर्ज़ख़[22] तो कुछ अजीब ही सी मालूम होती थी।

मिर्ज़ा : झूठे हो, तुमने कहाँ देखा होगा। कोई बहरूपिया या नक़्क़ाल नज़र आ गया होगा। मियाँ उन वक़्तों में अदना आला में यक-रंगी न थी। दरबारी और बाज़ारी लोग लिबास से पहचाने जाते थे। आम तौर पर अपनी शक्ल-ओ-शबाहत, तन-ओ-तोश[23], जसामत और पेशे के मुताबिक़ कपड़ा पहना जाता था ताकि दूर से देख कर पहचान लें कि किस ख़ानदान का और कैसा आदमी है? अगर नौजवान है तो एक-एक टाँके पर जवानी बरसती है। बूढ़ा है तो पीरी और सादगी टपकती है। बाँकों का बाँकपन, छैलाओं, मुल्लाओं की मुल्लाई, पहलवानों की पहलवानी, रज़ालों की रज़ालत[24] और शरीफ़ों की शराफ़त लिबास से साफ़ भाँप ली जाती थी। छोटे आदमी जिस पोशाक को इख़्तियार कर लेते थे, भले मानुस छोड़ देते। दो पलड़ी टोपियों का आम रिवाज था मगर चौ-गोशी[25], पच-गोशी, गोल, मुग़लई, ताजदार टोपियाँ, मुग़ल बच्चे और शरीफ़ ज़ादे पहनते थे। क़िले के आने-जाने वालों में मिन्दीलें[26], बनारसी दुपट्टे, गोलेदार पगड़ियाँ मुसलमानों का हिस्सा था। दरबारी जामा भी पहना करते थे। उम्रा-जीग़ा[27] सरपच और शहज़ादों में कलग़ियाँ भी मुरव्वज[28] थीं। हिन्दुओं में पहले जामे का ज़्यादा दस्तूर था, फिर नीम जामा और उल्टी चोली के अंगरखे पहनने लगे। इलावा-अज़ीं[29] अल-ख़ालिक़, अचकन, क़बा, अबा, जुब्बा, चुग़ा, मिर्ज़ई वग़ैरा भी इस्तेमाल होते थे। पायजामे या तो तंग मोरी के

या एकहरे या ग़रारेदार होते थे। दाढ़ी मूँछों की वज़ा भी हर ख़ानदान और हर पेशा-वर की अलैहदा थी। आज की तरह नहीं कि कोट पतलून ने तमीज़ ही उड़ा दी। दूसरों की पोशाक पहनने में कोई शरमाता ही नहीं। अलीगढ़ वालों को शेरवानी और दो तकियों के ग़िलाफ़ वाला पायजामा पहनते देखा, उसकी नक़्ल कर ली। पंजाबी आए तो उनकी शलवारें उड़ा लीं। मूँछों की जगह बिच्छू पाल लिए। दाढ़ी कभी चोंचदार है तो कभी साफ़ चट और थोड़े दिन से तो "दाढ़ी को मुँडा डाल तो मूँछों का बखेड़ा" सुनते आए थे आँखों से देख लिया। हिन्दू मुसलमान की पहचान तो एक तरफ़, मर्दों पर औरतों का धोखा होने लगा है। और कहाँ तक सुनाऊँ। बस ये समझ लो कि दिल्ली का नक़्शा ही बदल गया।

मैं : मगर यहाँ वालों को फ़ुज़ूल खेलों, दौलत को लुटाने वाली बाज़ियों और बेकार मशग़लों के सिवा काम ही न था।

मिर्ज़ा : तुम क्या जानो कि वो बाज़ियाँ और उनके मशग़ले कैसे कमाल के थे। वैसे हुनर आज कोई नहीं पैदा कर लेता। ज़ुहरा फट जाए ज़ुहरा। बात ये है कि सारी चीज़ें वक़्त से होती हैं। नामर्दों का ज़माना है तो नामर्दों की सी बातें भी हैं। शरीफ़ों का शुग़ल डण्ड, मुगदर, बाँक, बन्नोट, फिकैती। इकंग, तीर-अन्दाज़ी, नेज़ा-बाज़ी, पंजा-कशी था। कह दो बेकार था। तैराकी, कुश्ती, शिकरे और बाज़ का शिकार, पतंग लड़ाना, कबूतर-बाज़ी वग़ैरा से दिलचस्पी थी। कह दो ये भी फ़ुज़ूलियात हैं।

मैं : फ़ुज़ूलियात नहीं तो और क्या हैं।

मिर्ज़ा : जी हाँ फ़ुज़ूलियात हैं। ख़ुदा के बन्दे इन ही बातों से तो दिल्ली, दिल्ली थी, वर्ना शाहजहाँ की बसाई हुई मुहम्मद शाही दिल्ली और ख़ुर्जा, बुलन्दशहर में क्या फ़र्क़। फिकैत और बनोटे ऐसे होते थे कि मौक़ा पड़ता तो रूमाल में सिर्फ़ पैसा या ठीकरी बाँध कर हरीफ़ के सामने आ जाते और दो झुकाइयों में हथियार छीन लेते। तैराकी का ये हाल था कि पालती मारे हुए पानी पर बैठे हैं

जैसे मसनद[30] पर। एक ज़ानू पर पेचवान लगा हुआ है, दूसरे पर रण्डी बैठी है। धुआँ उड़ाते और मल्हार सुनते चले जाते हैं। क़िले की हमाम वाली नहर तो देखी होगी। गज़-सवा-गज़ का प्लॉट है और बालिश्त[31] भर से ज़्यादा गहराई नहीं। उसमें आज कोई माई का लाल तैर कर दिखाए तो मैं जानूँ। मीर मछली तो ख़ैर उस्ताद थे, उनका सा कमाल तो किसे मयस्सर है। दो-चार गज़ तो इतने पानी में तैर कर मैं भी दिखा सकता हूँ।

मैं : अजी जनाब आप रेत पर तैरिए। हबाबों पर खड़ी लगाइए। नतीजा? खेल ही तो थे। फिर ये कबूतर-बाज़ी, पतंग-बाज़ी, मुर्ग़-बाज़ी, मेंढे-बाज़ी क्या बला थी? बिचारे बे-ज़बानों को लहू-लुहान करना और अपना दिल बहलाना क्या अच्छे हुनर थे।

मिर्ज़ा : अरे मियाँ ईरानी तोरानी मनचले दहम हो कर क्या चूड़ियाँ पहन लेते। जंग-ओ-जिदाल का ख़याल इंसानी क़ुर्बानियों, मुल्क-सतानियों[32] के चाव। ख़ून की पिचकारियों से होली का वक़्त तो लद गया था। न इन पर कोई चढ़ कर आता था न ये कहीं चढ़ाई करते थे। अंग्रेज़ी अमलदारी की बरकत से नक्सीरें[33] भी नहीं फूटती थीं। वो जानवरों को ही लड़ा कर अपने दिल की भड़ास निकाल लेते थे।

मैं कुछ और कहने वाला था कि मिर्ज़ा ने एक झुरझुरी ली और ये कहते हुए कि भई ग़ज़ब हो गया शाम होने आई। कबूतर भूखे मेरी जान को रो रहे होंगे और चौक का वक़्त भी आ लगा है। लाल बन्द का जोड़ा लगाना है, ये जा वो जा।

इन बातों को कोई एक महीना गुज़रा होगा कि सुब्ह ही सुब्ह मिर्ज़ा साहब चले आते हैं। आते ही फ़रमाने लगे, "पुरानी ईदगाह चलना होगा।" मैंने कहा, "ख़ैरियत?" बोले, "लखनऊओं से पेच हैं। जानों ढेरी या मालों ढेरी। पाँच रुपये पंच ठहरा है, बड़ा मआर्का[34] होगा।" मैंने अर्ज़ किया, "साहब-ए-आलम मुझे न तो पतंग-बाज़ी से कोई दिलचस्पी है न मेरे पास

इतना फ़ुज़ूल वक़्त है कि आपके साथ वाही-तबाही फिरूँ।" ताव खाकर आँखें निकाल लीं और हाकिमाना अन्दाज़ से कहने लगे, "तुम्हारी और तुम्हारे वक़्त की ऐसी तैसी। बस कह दिया कि चलना होगा। दोपहर को आऊँगा तैयार रहना।" मैं बहुत परेशान हुआ, मगर करता क्या, दोस्ती थी या मज़ाक़। क़हर-ए-दरवेश बजान-ए-दरवेश[35]। अपनी सारी ज़रूरतों को ताक़ पर रखा और हज़रत मिर्ज़ा चपाती का मुन्तज़िर था कि ठीक बारह बजे आवाज़ पड़ी, सय्यद आओ। आगे-आगे मिर्ज़ा साहब और पीछे-पीछे मैं। अजमेरी दरवाज़े से निकल क़ब्रिस्तान लाँगते-फलाँगते पुरानी ईदगाह पहुँचे। वहाँ देखा तो ख़ासा मेला लगा हुआ है। कबाबी, कचालू वाले, दही बड़ों की चाट, पान-बीड़ी, पानी पिलाने वाले सक़्क़े पूरी ख़ुराफ़ात मौजूद है। जा-ब-जा पतंग बाज़ों की टुकड़ियाँ बैठी हैं। मिर्ज़ा साहब को देखते हैं, साहब-ए-आलम इधर, मिर्ज़ा साहब इधर, उस्ताद पहले मेरी सुन लीजिए, मियाँ इधर आने दो। बात समझते हैं, न बात की दुम, उड़ने से काम। हज़्ज़त आप यहाँ आइए। मीर कंकय्या आपसे कुछ कहना चाहते हैं। चारों तरफ़ से आवाज़ें पड़ने लगीं। मिर्ज़ा चौकन्ने एक-एक को जवाब देते शामियाने के नीचे जहाँ मीर कंकय्या तशरीफ़ फ़र्मा थे, पहुँचे।

मीर कंकय्या लखनऊ के वाजिद अली शाही पतंग-बाज़ थे। काकरेज़ी रंग, गोल चेहरा, छोटी-छोटी आँखें, बड़ी नाक, दाँतों में खिड़कियाँ, सर पर कड़बड़े पट्ठे। ख़शख़ाशी दाढ़ी, छाती खुला, संजाफ़दार[36] ढीला-ढाला अंगरखा, सर पर दो उँगली की कलाबत्तू[37] के हाशिए की टोपी, पाँव में मख़मली गुरगाबी[38], कल्ले में गिलौरी, उठ कर मिर्ज़ा चपाती से बग़लगीर[39] हुए। फिर जो पतंग-बाज़ी का ज़िक्र[40] शुरू हुआ तो तीन बज गए। मैं बेवक़ूफ़ों की तरह बैठा हुआ एक-एक का मुँह तक रहा था। पतंग-बाज़ी की होती तो उनकी इस्तिलाहें समझ में आतीं। आख़िर ख़ुदा-ख़ुदा करके लोग अपनी-अपनी टुकड़ियों में गए। आसमान पर चील-कौवे मण्डलाने शुरू हुए। मैं

मिर्ज़ा साहब के साथ था। ईदगाह की दीवार के नीचे से उन्होंने भी अपना अख़्तर-बख़्तर खोल कर एक अंगारा अद्धा उड़ाया। हुचका एक लड़के के हाथ में था। कोई दस मिनट तक झुकाइयाँ देते रहे, पेंच हुआ। कभी आगे बढ़ते थे कभी पीछे हटते थे। एक दफ़ा ही झल्लाकर लड़के को तमाँचा रसीद किया और बोले "अबे हुचका पकड़ने की सूरत भी न थी तो यहाँ आन क्यों मरा, आख़िर कटवा दिया न।"

फिर एक अलफ़न बढ़ाई और अब के हुचका पकड़ने की ख़िदमत मुझे अंजाम देनी पड़ी। बद-क़िस्मती से ये गुड्डी भी कट गई। बहुत बिगड़े कि बस जब तुम जैसे मनहूस साथ हों तो हम उड़ा चुके। ग़ज़ब है साँवलिया हमें उस्ताद कहने वाला, मीर गोलन्दाज़ हमारे हाँ के शागिर्द[41], शेख़ पेचक जैसे बराबर पेंच निकाले जाते हैं और मिर्ज़ा फ़ख़रू ऊपर-नीचे दो कनकौवे कटवाए। समेटो मियाँ समेटो मुझे अपनी उस्तादी थोड़ी गँवानी है। वो कहते रहे, मैं तो वहाँ से हट कर रूमाल बिछा कर अलग जा बैठा। थोड़ी देर में वो भी अपना अस्बाब-ए-जहालत[42] लुंगी में बाँधे मेरे पास आ बैठे। त्योरी पर बल थे, चेहरा सुर्ख़ आँखें उबली हुई। मैंने कहा मिर्ज़ा साहब हवा का खेल है। इसमें किसी की क्या पीरी। आपकी उस्तादी में कहीं फ़र्क़ आता है। सल्तनत ही जब हत्थे पर से कट गई तो उन दो काग़ज़ के टुकड़ों का क्या ग़म? आप आप ही हैं। कहने लगे सच कहते हो। मियाँ हम क़िले वालों की तक़दीर ही ख़राब है। हवा भी मुवाफ़िक़त[43] नहीं करती। मैंने उनके बुशरे[44] से उनकी दिली कैफ़ियत का अन्दाज़ा करते हुए इस ज़िक्र को मौक़ूफ़[45] कर दिया और पूछा, क्यों मिर्ज़ा साहब क़िला जब आबाद था उस वक़्त भी पतंग-बाज़ी के ऐसे ही दंगल होते थे?

मिर्ज़ा : इक धूप थी कि साथ गई आफ़ताब के। उस वक़्त का समाँ क्यूँकर दिखाऊँ। मियाँ हर बात में इक शान थी, एक क़ायदा था और हज़ारों ग़रीबों की रोटियों के सहारे। मामूल था कि अस्र[46] का वक़्त हुआ और सलीम गढ़

पर जमघट लगा। बड़े-बड़े पतंग, दो ताद्दी[47] और सह ताद्दी तकल्लें[48], डोर की चर्ख़ियाँ लेकर शाही पतंग-बाज़ पहुँच गए। ख़ल्वत[49] के अमीर और शौक़ी शहज़ादे मिर्ज़ा बन्नू, मिर्ज़ा कुदाल, मिर्ज़ा कालैटिन, मिर्ज़ा चिड़िया, मिर्ज़ा झुरझुरी भी आ मौजूद हुए। ये सलातीन-ज़ादे[50] बहुत मुँह चढ़े थे।

मैं : (बात काट कर) हज़्ज़त, ये नाम कैसे? क्या इसी बोली का नाम उर्दू-ए-मुअल्ला है?

मिर्ज़ा : कुछ पढ़ा-लिखा भी या घास ही खोदते रहे, अरे ज़बान की टकसाली क़िले ही में तो थी, वहाँ मुहावरात नहीं ढलते तो कहाँ ढलते। तबीयतें हर वक़्त हाज़िर रहती थीं। हर बात में जिद्दत मद्दे-नज़र थी। हँसी-मज़ाक़ में जो मुँह से निकल गया गोया सिक्का ढल गया। किसी के फटे-फटे दीदे हुए मिर्ज़ा बिट्टू कह दिया। लम्बा चेहरा, चुगी दाढ़ी देखी, मिर्ज़ा चुकाया मिर्ज़ा कुदाल कहने लगे। चकले चेहरे वाले पर चौपाल की और ठिंगने पर घुटने की फब्ती उड़ा दी। ग़रज़ कि मिर्ज़ा चील, मिर्ज़ा झपट, मिर्ज़ा याहू, मिर्ज़ा रंगीले, मिर्ज़ा रसीले बीसों इस्म-ब-मुसम्मा[51] थे। मैं जुमेरात को चपातियाँ और हल्वा बाँटा करता था, मेरा नाम मिर्ज़ा चपाती मशहूर कर दिया।

मैं : लीजिए हमें आज तक मिर्ज़ा चपाती की वज्ह-ए-तस्मिया[52] ही मालूम न थी। ये आपका ख़ैर से टकसाली नाम है।

मिर्ज़ा : अब ज़्यादा न इतराओ। क़िस्सा सुनते हो या कोई फब्ती सुनने को जी चाहता है।

मैं : अच्छा अब कान पकड़ता हूँ बीच में नहीं बोलूँगा। फ़रमाइए।

मिर्ज़ा : सब सामान लैस हो गया तो बड़े हज़रत की सवारी आई। दुआ-सलाम मुजरे के बाद हुक्म लेकर दरिया की तरफ़ पतंग बढ़ाया गया। दूसरी जानिब से मुईन-उल-मुल्क नज़ारत ख़ाँ बादशाही नाज़िर का, मिर्ज़ा यावर बख़्त बहादुर या जिसके लिए पहले से इरशाद हो चुका है, पतंग उठा, रेती में सवार खड़े

हो गए। पेंच लड़े, ढीलें चलीं। पतंग या तकल्लें छपकती हुई चली जाती हैं। या हाथ रोक कर डोर दी तो डूबते आसमान से जा लीं। पेटा छोड़ दिया, डोरें ज़मीन तक लटक आईं, सवारों ने दो शाख़े बाँसों पर ले लीं। पतंग कटा तो दरिया के वार-पार डोर पड़ गई। डोरें लूटीं। पतंग के पीछे-पीछे ग़ोल के ग़ोल शाहदरा तक निकल गए। जिसने वो तक्कल या पतंग लूटी पाँच रुपये की मज़दूरी की। डोर भी बीस-बीस, तीस-तीस रुपये सेर बिक जाती थी। बादशाह कभी तो ख़ाली सैर ही देखते रहते। कभी जी में आता तो तख़्त-ए-रवाँ[53] से उतर पड़ते। मछली के छिलकों के दस्ताने पहन लिए। पतंग हाथ में लिया एक-आध पेंच लड़ाया और हँसते-बोलते महल मुअल्ला में दाख़िल हो गए। सय्यद! ये भी ख़बर है कि वो पतंग या तकल्लें कितनी बड़ी और कैसी मेहनत से बनाई हुई होती थीं? तकल्लें तो तुम्हारे पैदा होने से पहले मर चुकीं। ख़ैर मैं कभी उनकी तस्वीर दिखाऊँगा। तो वो क़द-ए-आदम होती थी और एक-एक की तैयारी में कई-कई दिन लग जाते थे। डोरें भी एक बल्ली, दो बल्ली, तिबल्ली, चौबल्ली कनकौवे और तकल्लों के ज़ोर के मुवाफ़िक़ बनती थीं। माँझों के नुस्ख़े भी हर घराने के अलग थे। तकल्लें तो तकल्लें आज वैसे पतंग भी न बनते हैं न किसी में इतना बूता होता है कि उनकी झोंक सँभाल सके। छोटी तनखे रह गई हैं या बड़े नामी पतंग-बाज़ों के हाँ अद्धे। वो भी कनकौवा नहीं गुड्डियाँ होती हैं। लण्डूरी बिन पुँछल्ले की।

मैं : भई वाक़ई लुत्फ़[54] तो बड़ा आता होगा।

मिर्ज़ा : जहाँ अपनी हुकूमत, घर की बादशाहत और पराई दौलत होती है, यही रंग हुआ करते हैं। इशरत-गाहों में हर वक़्त नमाज़ें नहीं पढ़ीं जातीं। मुजाहिदे[55] और मुराक़बे[56] नहीं होते। ये न उठाएँ तो ज़िन्दगी की राहतें कौन उठाए। दुनिया में हमेशा यही होता रहा है कि और यही होता रहेगा। सल्तनतों की भी उम्रें होती हैं। जिस तरह आदमी कोई पेट में, कोई पैदा होते ही, कोई बचपन में, कोई जवान हो कर और कोई उम्र-ए-तबई[57] तय करने के बाद मरता है, उसी तरह

बादशाहतें हैं। कोई एक पुश्त चलती है, कोई दो पुश्त। किसी का सिलसिला सौ पचास ही बरस में टूट जाता है और किसी की इमारत सदियों की ख़बर लाती है। मुग़लों ने छः सौ बरस तख़्त को सँभाला। आख़िर बुढ़ापा तो सब ही को आता है। उनके कंधे भी शल[58] हो गए। दुनिया का यही कारख़ाना है। आज इसका तो कल उसका ज़माना है। मौत और ज़वाल[59] बहाना ढूँढते हैं। हमारे लिए ऐश-ओ-इशरत ही बहाना हो गई।

मैं समझता था कि मिर्ज़ा निरे शहज़ादे हैं और उनकी मालूमात में बाज़ियों के सिवा कुछ नहीं है। आज मालूम हुआ कि क़िले वालों का दिमाग़ बिगड़ी में भी कितना बना हुआ था। मैंने कहा, "मिर्ज़ा साहब! ये आपने किस फ़लसफ़ी का लेक्चर याद कर लिया है। दो-चार जुमलों में कैसे-कैसे नुक्ते हल कर गए।" बोले, "प्यारे हमारे अहवाल पर न जाओ। जान कर दीवाने बने हुए हैं। नहीं तो क्या नहीं जानते क्या नहीं आता।"

आलम में अब तलक भी मज़कूर[60] है हमारा
अफ़साना-ए-मुहब्बत मशहूर है हमारा!!

---

1 चमकता हुआ 2 व्यवसाय, काम 3 शाही मेहरबानियाँ 4 उपनाम 5 तैयार, तत्पर 6 ज़ुबानी, याद रहना 7 दुश्मनी 8 बादशाह 9 ख़ुदा का नेक बन्दा 10 हज़रत हुसैन का क़ातिल 11 दिल के चाहने से 12 टट्टू 13 जहाँ-तहाँ 14 प्रशंसा 15 पुराने / पुराना 16 धर्मोपदेशक 17 शिष्टता एवं नम्रता 18 हाथी पर चलने वाले 19 ग़रीबी 20 ओछा 21 स्वाभिमान 22 ख़याली सूरत, दुविधा 23 शरीर का डीलडौल 24 कमीनापन 25 चौखटा 26 पगड़ियाँ 27 कलग़ी-दार पगड़ी वाले 28 प्रचलित 29 इसके अलावा 30 आसन 31 बित्ता 32 देश विजय 33 नाक से ख़ून बहना 34 लड़ाई, घटना 35 ग़रीब की मुसीबत ग़रीब ही जाने 36 झालरदार 37 रेशम के धागे पर लिपटा सुनहरा तार 38 देसी क़िस्म का जूता 39 आलिंगित 40 चर्चा 41 शिष्य 42 बेवक़ूफ़ी के तामझाम 43 हिमायत 44 हुलिया 45 स्थगित 46 सूर्यास्त से पहले का समय 47 उस्तादी 48 कमानी 49 एकान्त 50 सुल्तान का बहुवचन (राजाओं के बच्चे) 51 जैसा नाम वैसा काम 52 नामकरण का कारण 53 पालकी 54 मज़ा, आनन्द 55 तपस्या 56 ध्यान की मुद्रा 57 पूरी उम्र 58 शिथिल 59 तबाही 60 लिखा हुआ

तीन गोले

सआदत हसन मंटो
(1912 - 1955)

हसन बिल्डिंग्स के फ़्लैट नम्बर एक में तीन गोले मेरे सामने मेज़ पर पड़े थे, मैं ग़ौर से उनकी तरफ़ देख रहा था और मीराजी की बातें सुन रहा था। उस शख़्स को पहली बार मैंने यहीं देखा। ग़ालिबन[1] सन चालीस था। बॉम्बे छोड़ कर मुझे दिल्ली आए कोई ज़्यादा अर्सा[2] नहीं गुज़रा था। मुझे याद नहीं कि वो फ़्लैट नम्बर एक वालों का दोस्त था या ऐसे ही चला आया था। लेकिन मुझे इतना याद है कि उसने ये कहा था कि उसको रेडियो स्टेशन से पता चला था कि मैं निकल्सन रोड पर सआदत हसन बिल्डिंग्स में रहता हूँ।

उस मुलाक़ात से क़ब्ल मेरे और उसके दरमियान मामूली सी ख़त-ओ-किताबत हो चुकी थी। मैं बम्बई में था जब उसने 'अदबी दुनिया' के लिए मुझसे एक अफ़साना तलब किया था। मैंने उसकी ख़्वाहिश के मुताबिक़ अफ़साना भेज दिया। लेकिन साथ ही ये भी लिख दिया कि उसका मुआवज़ा[3] मुझे ज़रूर मिलना चाहिए। उसके जवाब में उसने एक ख़त लिखा कि मैं अफ़साना वापस भेज रहा हूँ। इसलिए कि 'अदबी दुनिया' के मालिक मुफ़्त-ख़ोर[4] क़िस्म के आदमी हैं। अफ़साने का नाम 'मौसम की शरारत' था। इस पर उसने ऐतिराज़ किया था कि इस शरारत का मौज़ू से कोई तअल्लुक़ नहीं। इसलिए इसे तब्दील कर दिया जाए। मैंने उसके जवाब में उसको लिखा कि मौसम की शरारत ही अफ़साने का मौज़ू[5] है। मुझे हैरत है कि ये तुम्हें क्यूँ नज़र न आई। मीराजी का दूसरा ख़त आया जिसमें उसने अपनी ग़लती तस्लीम कर ली और अपनी हैरत का इज़हार किया कि मौसम की शरारत वो 'मौसम की शरारत' में क्यूँ देख न सका।

मीराजी की लिखाई बहुत साफ़ और वाज़ेह[6] थी। मोटे ख़त के निब से निकले हुए बड़े सही निशस्त[7] के हुरूफ़, तिकोन की सी आसानी से बने हुए, हर जोड़ नुमायाँ[8], मैं उससे बहुत मुतअस्सिर[9] हुआ था। लेकिन अजीब बात है कि मुझे उसमें मौलाना हामिद अली ख़ाँ मुदीर हुमायूँ की ख़त्ताती[10] की झलक नज़र आई। ये हल्की सी मगर काफ़ी मरई[11] मुमासलत-ओ-मुशाबिहत[12] अपने अन्दर क्या गहराई रखती है। इसके मुतअल्लिक़ मैं अब भी ग़ौर करता हूँ तो मुझे ऐसा कोई शोशा[13] या नुक्ता सुझाई नहीं देता जिस पर मैं किसी मफ़रुज़े[14] की बुनियादें खड़ी कर सकूँ।

हसन बिल्डिंग्ज़ के फ़्लैट नम्बर एक में तीन गोले मेरे सामने मेज़ पर पड़े थे और मीराजी लम-तड़ंगे और गोल-मटोल शेर कहने वाला शायर मुझसे बड़े सही क़द-ओ-क़ामत[15] और बड़ी सही नोक-पलक की बातें कर रहा था जो मेरे अफ़सानों के मुतअल्लिक़ थीं। वो तारीफ़ कर रहा था न तन्क़ीस[16]। एक मुख़्तसर[17] सा तब्सिरा था। एक सरसरी सी तन्क़ीद[18] थी। मगर उससे पता चलता था कि मीराजी के दिमाग़ में मकड़ी के जाले नहीं। उसकी बातों में उलझाव नहीं था और ये चीज़ मेरे लिए बाइस-ए-हैरत[19] थी, इसलिए कि उसकी अक्सर नज़्में इब्हाम[20] और उलझाव की वज्ह से हमेशा मेरी फ़हम[21] से बाला-तर[22] रही थीं। लेकिन शक्ल-ओ-सूरत और वज़ा-क़ता[23] के ऐतिबार से वो बिलकुल ऐसा ही था जैसा कि उसका बे-क़ाफ़िया मुबहम कलाम। उसको देख कर उसकी शायरी मेरे लिए और भी पेचीदा हो गई।

नून मीम राशिद बे-क़ाफ़िया शायरी का इमाम माना जाता है। उसको देखने का इत्तिफ़ाक़[24] भी दिल्ली में हुआ था। उसका कलाम मेरी समझ में आ जाता था और उसको एक नज़र देखने से उसकी शक्ल-ओ-सूरत भी मेरी समझ में आ गई। चुनांचे एक बार मैंने रेडियो स्टेशन के बरामदे में पड़ी हुई बग़ैर मिडगार्डों की साइकिल देख कर उससे अज़-राह-ए-मज़ाक़[25] कहा था, "लो, ये तुम हो और तुम्हारी शायरी।" लेकिन मीराजी को देख कर मेरे ज़ेहन

में सिवाए उसकी मुबहम नज़्मों के और कोई शक्ल नहीं बनती थी।

मेरे सामने मेज़ पर तीन गोले पड़े थे। तीन आहनी[26] गोले। सिगरेट की पन्नियों में लिपटे हुए। दो बड़े एक छोटा। मैंने मीराजी की तरफ़ देखा। उसकी आँखें चमक रही थीं और उनके ऊपर उसका बड़ा भूरे बालों से अटा हुआ सर... ये भी तीन गोले थे। दो छोटे-छोटे, एक बड़ा। मैंने ये मुमासिलत महसूस की तो उसका रद्द-ए-अमल[27] मेरे होंठों पर मुस्कुराहट में नुमूदार[28] हुआ। मीराजी दूसरों का रद्द-ए-अमल ताड़ने में बड़ा होशियार था। उसने फ़ौरन अपनी शुरू की हुई बात अधूरी छोड़ कर मुझसे पूछा, "क्यूँ भैया, किस बात पर मुस्कुराए?"

मैंने मेज़ पर पड़े हुए उन तीन गोलों की तरफ़ इशारा किया। अब मीराजी की बारी थी। उसके पतले-पतले होंठ महीन-महीन भूरी मूँछों के नीचे गोल-गोल अन्दाज़ में मुस्कुराए।

उसके गले में मोटे-मोटे गोल मनकों की माला थी जिसका सिर्फ़ बालाई[29] हिस्सा क़मीज़ के खुले हुए कॉलर से नज़र आता था... मैंने सोचा। इस इंसान ने अपनी क्या हैयत-कज़ाई[30] बना रखी है... लम्बे-लम्बे ग़लीज़[31] बाल जो गर्दन से नीचे लटकते थे। फ्रेंच कट सी दाढ़ी। मैल से भरे हुए नाख़ुन। सर्दियों के दिन थे। ऐसा मालूम होता था कि महीनों से उसके बदन ने पानी की शक्ल नहीं देखी।

ये उस ज़माने की बात है जब शायर, अदीब[32] और एडिटर आम तौर पर लॉण्ड्री में नंगे बैठ कर डबल रेट पर अपने कपड़े धुलवाया करते थे और बड़ी मैली-कुचैली ज़िन्दगी बसर करते थे, मैंने सोचा। शायद मीराजी भी उसी क़िस्म का शायर और एडिटर है लेकिन उसकी ग़लाज़त[33], उसके लम्बे बाल, उसकी फ्रेंच कट दाढ़ी, गले की माला और वो तीन आहनी गोले... मआशी[34] हालात के मज़हर[35] मालूम नहीं होते थे। उनमें एक दरवेशाना-पन[36] था। एक क़िस्म की राहबियत[37]... जब मैंने राहबियत के मुतअल्लिक़ सोचा तो मेरा

दिमाग़ रूस के दीवाने राहिब रास्पुतिन की तरफ़ चला गया। मैंने कहीं पढ़ा था कि वो बहुत ग़लाज़त-पसन्द था। बल्कि यूँ कहना चाहिए कि ग़लाज़त का उसको कोई एहसास ही नहीं था। उसके नाख़ुनों में भी हर वक़्त मैल भरा रहता था। खाना खाने के बाद उसकी उँगलियाँ लिथड़ी होती थीं। जब उसे उनकी सफ़ाई मतलूब होती तो वो अपनी हथेली शहज़ादियों और रईस ज़ादियों की तरफ़ बढ़ा देता जो उनकी तमाम आलूदगी अपनी ज़बान से चाट लेती थीं।

क्या मीराजी इसी क़िस्म का दरवेश और राहिब था? ये सवाल उस वक़्त और बाद में कई बार मेरे दिमाग़ में पैदा हुआ, मैं अमृतसर में साईं घोड़े शाह को देख चुका था जो अलिफ़ नंगा रहता था और कभी नहाता नहीं था। इसी तरह के और भी कई साईं और दरवेश मेरी नज़र से गुज़र चुके थे जो ग़लाज़त के पुतले थे। मगर उनसे मुझे घिन आती थी। मीराजी की ग़लाज़त से मुझे नफ़रत कभी नहीं हुई। उलझन अलबत्ता बहुत होती थी।

घोड़े शाह की क़बील[38] के साईं आम तौर पर ब-क़द्र-ए-तौफ़ीक़[39] मुग़ल्लज़ात[40] बकते हैं। मगर मीराजी के मुँह से मैंने कभी कोई ग़लीज़ कलिमा[41] न सुना। इस क़िस्म के साईं ब-ज़ाहिर मुजर्रद[42] मगर दर-पर्दा हर क़िस्म के जिंसी-फ़ेल[43] के मुर्तकिब[44] होते हैं। मीराजी भी मुजर्रद था। मगर उसने अपनी जिंसी-तस्कीन[45] के लिए सिर्फ़ अपने दिल-ओ-दिमाग़ को अपना शरीक-ए-कार[46] बना लिया था। इस लिहाज़ से गो उसमें और घोड़े शाह की क़बील[47] के साइयों में एक गोना मुमासिलत थी, मगर वो उनसे बहुत मुख़्तलिफ़[48] था। वो तीन गोले थे... जिनको लुढ़काने के लिए उसको किसी ख़ारिजी[49] मदद की ज़रूरत नहीं पड़ती थी। हाथ की ज़रा सी हरकत और तख़य्युल[50] की हल्की सी जुम्बिश से वो उन तीन अजसाम[51] को ऊँची से ऊँची बुलन्दी और नीची से नीची गहराई की सैर करा सकता था और ये गुर उसको इन ही तीन गोलों ने बताया था जो ग़ालिबन उसको कहीं पड़े हुए मिले थे। इन ख़ारिजी इशारों ही ने उस पर एक अज़ली-ओ-अबदी[52] हक़ीक़त को मुनकशिफ़ किया था।

हुस्न, इश्क़ और मौत... इस तस्लीस[53] के तमाम अक़्लीदसी[54] ज़ाविए[55] सिर्फ़ उन तीन गोलों की बदौलत उसकी समझ में आए थे। लेकिन हुस्न और इश्क़ के अंजाम को चूँकि उसने शिकस्त-ख़ुर्दा ऐनक से देखा था, जिसके शीशों में बाल पड़े थे। इसलिए उसको जिस शक्ल में उसने देखा था, सही नहीं थी। यही वज्ह है कि उसके सारे वुजूद में एक नाक़ाबिल-ए-बयान इब्हाम का ज़हर फैल गया था। जो एक नुक़्ते से शुरू हो कर एक दायरे में तब्दील हो गया था। इस तौर पर कि हर नुक़्ता उसका नुक़्ता-ए-आग़ाज़ है और वही नुक़्ता अंजाम। यही वज्ह है कि उसका इब्हाम नुकीला नहीं था। उसका रुख़ मौत की तरफ़ था न ज़िन्दगी की तरफ़। रजाइयत[56] की सिम्त, न क़ुनूतियत[57] की जानिब। उसने आग़ाज़ और अंजाम को अपनी मुट्ठी में इस ज़ोर से भींच रखा था कि उन दोनों का लहू निचुड़-निचुड़ कर उसमें से टपकता रहता था। लेकिन सादियत-पसन्दों[58] की तरह वो उससे मसरूर नज़र नहीं आता था। यहाँ फिर उसके जज़्बात गोल हो जाते थे। उन तीन आहनी गोलों की तरह, जिनको मैंने पहली मर्तबा हसन बिल्डिंग्ज़ के फ़्लैट नम्बर एक में देखा था।

उसके शेर का एक मिसरा है,

नगरी-नगरी फिरा मुसाफ़िर घर का रस्ता भूल गया

मुसाफ़िर को रस्ता भूलना ही था। इसलिए कि उसने चलते वक़्त नुक़्ता-ए-आग़ाज़[59] पर कोई निशान नहीं बनाया था। अपने बनाए हुए दायरे के ख़त के साथ-साथ घूमता वो यक़ीनन कई बार इधर से गुज़रा। मगर उसे याद न रहा कि उसने अपना ये तवील[60] सफ़र कहाँ से शुरू किया था और मैं तो समझता हूँ कि मीराजी ये भूल गया था कि वो मुसाफ़िर है, सफ़र है या रास्ता। ये तस्लीस भी उसके दिल-ओ-दिमाग़ के ख़लियों[61] में दायरे की शक्ल इख़्तियार कर गई थी।

उसने एक लड़की मीरा से मोहब्बत की और वो सनाउल्लाह से मीराजी बन गया। उसी मीरा के नाम की रिआयत[62] से उसने मीरा बाई के कलाम को

पसन्द करना शुरू कर दिया। जब अपनी उस महबूबा का जिस्म मयस्सर न आया तो कूज़ा-गर[63] की तरह चाक घुमा कर अपने तख़य्युल की मिट्टी से शुरू-शुरू में इसी शक्ल-ओ-सूरत के जिस्म तैयार करने शुरू कर दिए। लेकिन बाद में आहिस्ता-आहिस्ता उस जिस्म की साख़्त[64] के तमाम मुमय्यज़ात[65], उसकी तमाम नुमायाँ ख़ुसूसियात तेज़ रफ़्तार चाक पर घूम-घूम कर नित नई हैयत इख़्तियार करती गईं और एक वक़्त ऐसा आया कि मीराजी के हाथ, उसके तख़य्युल की नर्म-नर्म मिट्टी और चाक, मुतवातिर[66] गर्दिश[67] से बिलकुल गोल हो गए। कोई भी टाँग मीरा की टाँग हो सकती थी। कोई भी चीथड़ा मीरा का पैराहन बन सकता था। कोई भी रह-गुज़र मीरा की रह-गुज़र में तब्दील हो सकती थी और इन्तिहा ये हुई कि तख़य्युल की नर्म-नर्म मिट्टी की सोंधी-सोंधी बास सड़ाँद बन गई और वो शक्ल देने से पहले ही उसको चाक से उतारने लगा।

पहले मीरा बुलन्द-बाम[68] महलों में रहती थी। मीराजी ऐसा भटका कि रास्ता भूल कर उसने नीचे उतरना शुरू कर दिया। उसको इस गिरावट का मुतलक़न[69] एहसास न था। इसलिए कि उतराई में हर क़दम पर मीरा का तख़य्युल उसके साथ था जो उसके जूते के तलवों की तरह घिसता गया। पहले मीरा आम महबूबाओं की तरह बड़ी ख़ूबसूरत थी लेकिन ये ख़ूबसूरती हर निस्वानी पोशाक[70] में मलबूस[71] देख-देख कर कुछ इस तौर पर उसके दिल-ओ-दिमाग़ में मस्ख़[72] हो गई थी कि उसके सही तसव्वुर[73] की अलमनाक[74] जुदाई का भी मीराजी को एहसास न था। अगर एहसास होता तो इतने बड़े अलमिये के जुलूस के चन्द ग़ैर-मुबहम[75] निशानात उसके कलाम में यक़ीनन मौजूद होते जो मीरा से मोहब्बत करते ही उसके दिल-ओ-दिमाग़ से निकलना शुरू हो गया था।

हुस्न, इश्क़ और मौत। ये तिकोन पिचक कर मीराजी के वुजूद में गोल हो गई थी। सिर्फ़ यही नहीं दुनिया की हर मुसल्लस[76] उसके दिल-ओ-दिमाग़

में मुदव्वर[77] हो गई थी। यही वज्ह है कि उसके अरकान-ए-सलासा[78] कुछ इस तरह आपस में गड-मड हो गए थे कि उनकी तरतीब दरहम-बरहम हो गई थी। कभी मौत पहले, हुस्न आख़िर और इश्क़ दरमियान में। कभी इश्क़ पहले, मौत उसके बाद और हुस्न आख़िर में और ये चक्कर ना-महसूस तौर पर चलता रहता था।

किसी भी औरत से इश्क़ किया जाए तिगड्डा एक ही क़िस्म का बनता है। हुस्न, इश्क़ और मौत। आशिक़, माशूक़ और वस्ल[79]। मीरा से सनाउल्लाह का विसाल जैसा कि जानने वालों को मालूम है, न हुआ न हो सका। इस न होने या न हो सकने का रद्द-ए-अमल[80] मीराजी था। उसने इस मुआशक़े[81] में शिकस्त खा कर इस तस्लीस के टुकड़ों को इस तरह जोड़ा था कि उनमें एक सालिमिय्यत[82] तो आ गई थी मगर असलियत मस्ख़ हो गई थी। वो तीन नोकें जिनका रुख़ ख़त्त-ए-मुस्तक़ीम[83] में एक दूसरे की तरफ़ होता है, दब गई थीं। विसाल-ए-महबूब के लिए अब ये लाज़िम नहीं था कि महबूब मौजूद हो। वो ख़ुद ही आशिक़ था ख़ुद ही माशूक़ और ख़ुद ही विसाल।

मुझे मालूम नहीं उसने लोहे के ये गोले कहाँ से लिए थे। ख़ुद हासिल किए थे या कहीं पड़े हुए मिल गए थे। मुझे याद है, एक मर्तबा उनके मुतअल्लिक़ मैंने बम्बई में उससे इस्तिफ़्सार[84] किया था तो उसने सरसरी तौर पर इतना कहा था, "मैंने ये ख़ुद पैदा नहीं किए, अपने आप पैदा हो गए हैं।"

फिर उसने उस गोले की तरफ़ इशारा किया था जो सबसे बड़ा था। पहले ये वुजूद में आया। उसके बाद ये दूसरा जो उससे छोटा है, उसके पीछे ये कूचक![85]

मैंने मुस्कुरा कर उससे कहा था, "बड़े तो बावा आदम अलैहिस्सलाम हुए। ख़ुदा उनको वो जन्नत नसीब करे जिससे वो निकाले गए थे... दूसरे को हम अम्माँ हव्वा कह लेते हैं और तीसरे को उनकी औलाद!"

मेरी इस बात पर मीराजी ख़ूब खुल कर हँसा था। मैं अब सोचता हूँ तो मुझे तो उन तीन गोलों पर सारी दुनिया घूमती नज़र आती है। तस्लीस क्या तख़्लीक़[86] का दूसरा नाम नहीं? वो तमाम मुसल्लसें जो हमारी ज़िन्दगी की अक़्लीदस में मौजूद हैं। क्या उनमें इंसान की तख़्लीक़ी क़ुव्वतों का निशान नहीं है?

ख़ुदा, बेटा और रूह-उल-क़ुदुस, ईसाइयत के अक़ानीम[87]... त्रिशूल, महादेव का सह-शाख़ा भाला... तीन देवता। ब्रह्मा, विष्णु, त्रिलोक... आसमान ज़मीन और पाताल। ख़ुश्की[88], तरी और हवा... तीन बुनियादी रंग सुर्ख़, नीला और ज़र्द। फिर हमारे रुसूम और मज़हबी अहकाम, ये तीजे। सोयम और तिलैण्डियाँ। वुज़ू में तीन मर्तबा हाथ-मुँह धोने की शर्त, तीन तलाक़ें और सह-गोना मुआनक़े[89] और जुए में नर्द-बाज़ी[90] के तीन पाँसों के तीन नुक़्ते यानी तीन काने। मौसीक़ी के लिए... हयात-ए-इंसानी के मलबे को अगर खोद कर देखा जाए तो मेरा ख़याल है, ऐसी कई तस्लीसें मिल जाएँगी इसलिए कि उसके तवालुद-ओ-तनासुल[91] के अफ़आल का महवर भी आज़ा-ए-सलासा है।

अक़्लीदस में मुसल्लस बहुत अहम हैसियत रखती है। दूसरी अशकाल[92] के मुक़ाबले में ये ऐसी कट्टर और बे-लोच शक्ल है जिसे आप किसी और शक्ल में तब्दील नहीं कर सकते। लेकिन मीराजी ने अपने दिल-ओ-दिमाग़ और जिस्म में इस तिकोन को, जिसका ज़िक्र ऊपर हो चुका है, कुछ इस तरह दबाया कि उसके रुक्न अपनी जगहों से हट गए। जिसका नतीजा ये हुआ कि आस-पास की दूसरी चीज़ें भी उस तिकोन के साथ मस्ख़ हो गईं और मीराजी की शायरी ज़ुहूर[93] में आई।

पहली मुलाक़ात ही में मेरी उसकी बे-तकल्लुफ़ी हो गई थी। उसने मुझे दिल्ली में बताया कि उसकी जिंसी-इजाबत[94] आम तौर पर रेडियो स्टेशन के स्टूडियोज़ में होती है जब ये कमरे ख़ाली होते थे तो वो बड़े इत्मीनान से अपनी हाजत-ए-रफ़ा[95] कर लिया करता था। उसकी ये जिंसी ज़लालत[96] ही,

जहाँ तक मैं समझता हूँ उसकी मुबहम मंज़ूमात[97] का बाइस[98] है वर्ना जैसा कि मैं पहले बयान कर चुका हूँ, आम गुफ़्तगू में वो बड़ा वाज़ेह दिमाग़ था। वो चाहता था कि जो कुछ उस पर बीती है अशआर में बयान हो जाए। मगर मुसीबत ये थी कि जो मुसीबत उस पर टूटी थी, उसको उसने बड़े बे-ढंगे तरीक़े से जोड़ कर अपनी निगाहों के सामने रखा था। उसको इसका इल्म था। इस ज़िम्न[99] में वो अपनी बेचारगी अच्छी तरह महसूस करता था लेकिन आम आदमियों की तरह उसने अपनी इस कमज़ोरी को अपना ख़ास रंग बनाने की कोशिश की और आहिस्ता-आहिस्ता उस मीरा को भी अपनी गुमराही की सूली पर चढ़ा दिया।

ब-हैसियत शायर के उसकी हैसियत वही है जो गले-सड़े पत्तों की होती है। जिसे खाद के तौर पर इस्तेमाल किया जा सकता है। मैं समझता हूँ उसका कलाम बड़ी उम्दा खाद है जिसकी इफ़ादियत[100] एक न एक दिन ज़रूर ज़ाहिर हो के रहेगी। उसकी शायरी एक गुमराह इंसान का कलाम है जो इंसानियत की अमीक़-तरीन[101] पस्तियों से मुतअल्लिक़ होने के बावजूद दूसरे इंसानों के लिए ऊँची फ़िज़ाओं में मुर्ग़-ए-बाद-नुमा[102] का काम दे सकता है। उसका कलाम एक जिग्सॉ पज़ल है जिसके टुकड़े बड़े इत्मीनान और सुकून से जोड़ कर देखने चाहिए।

ब-हैसियत इंसान वो बड़ा दिलचस्प था। परले दर्जे का मुख़्लिस[103] जिसको अपनी इस क़रीब-क़रीब नायाब सिफ़त का मुतलक़न एहसास नहीं था। मेरा ज़ाती ख़याल है कि वो अश्ख़ास जो अपनी ख़्वाहिशात-ए-जिस्मानी का फ़ैसला अपने हाथों को सौंप देते हैं, आम तौर पर उसी क़िस्म के मुख़्लिस होते हैं। इसमें कोई शक नहीं कि वो ख़ुद को सरीहन[104] धोखा देते हैं। मगर इस फ़रेब-दही[105] में जो ख़ुलूस होता है, वो ज़ाहिर है।

मीराजी ने शायरी की, बड़े ख़ुलूस के साथ। शराब पी, बड़े ख़ुलूस के साथ, भंग पी, वो भी बड़े ख़ुलूस के साथ। लोगों से दोस्ती की, और उसे

निभाया। अपनी ज़िन्दगी की एक अज़ीम-तरीन[106] ख़्वाहिश को जुल देने के बाद वो किसी और से धोखा-फ़रेब करने का अह्ल ही नहीं रहा था इस अहलियत के इख़राज[107] के बाद वो इस क़दर बे-ज़रर[108] हो गया था कि बे-मसरफ़ सा मालूम होता था। एक भटका हुआ मुसाफ़िर जो नगरी-नगरी फिर रहा है। मंज़िलें क़दम-क़दम पर अपनी आग़ोश उसके लिए वा करती हैं, मगर वो उनकी तरफ़ देखे बग़ैर आगे निकलता जा रहा है... किसी ऐसी जगह, जिसकी कोई सिम्त है न रक़्बा... एक ऐसी तिकोन की जानिब जिसके अरकान अपनी जगह से हट कर तीन दायरों की शक्ल में उसके गिर्द घूम रहे हैं।

मैंने मीराजी से उसके कलाम के मुतअल्लिक़ दो-तीन जुमलों से ज़्यादा कभी गुफ़्तगू नहीं की, मैं उसे बकवास कहा करता था और वो उसे तस्लीम करता था। उन तीन लोगों और मोटे-मोटे दानों की माला को मैं उसका फ्रॉड कहता था, उसे भी वो तस्लीम करता था। हालाँकि हम दोनों जानते थे कि ये चीज़ें फ्रॉड नहीं हैं।

एक दफ़ा उसके हाथ में तीन के बजाए दो गोले देख कर मुझे बहुत तअज्जुब हुआ, मैंने जब इसका इज़हार किया तो मीराजी ने कहा, "बरख़ुर्दार का इन्तिक़ाल हो गया है। मगर अपने वक़्त पर एक और पैदा हो जाएगा!"

मैं जब तक बम्बई में रहा, ये दूसरा बरख़ुर्दार पैदा न हुआ। या तो अम्माँ हव्वा अक़ीम[109] हो गई थी या बावा आदम मर्दुम-ख़ेज़[110] नहीं रहे थे। ये रही सही ख़ारिजी तस्लीस भी टूट गई थी और ये बुरी फ़ाल[111] थी। बाद में मुझे मालूम हुआ कि मीराजी को इसका एहसास था, चुनांचे जैसा कि सुनने में आया है, उसने उसके बाक़ी के उक़नूम भी अपने हाथ से अलैहदा कर दिए थे।

मुझे मालूम नहीं मीराजी घूमता-घामता कब बम्बई पहुँचा, मैं उन दिनों फ़िल्मिस्तान में था। जब वो मुझसे मिलने के लिए आया बहुत ख़स्ता हालत

में था, हाथ में तीन गोले बदस्तूर मौजूद थे। बोसीदा-सी कॉपी भी थी। जिसमें ग़ालिबन मीरा बाई का कलाम उसने अपने हाथ से लिखा हुआ था। साथ ही एक अजीब शक्ल की बोतल थी जिसकी गर्दन मुड़ी हुई थी, उसमें मीराजी ने शराब डाल रखी थी, ब-वक़्त-ए-तलब[112] वो उसका कॉग खोलता और एक घूँट चढ़ा लेता था।

दाढ़ी ग़ायब थी, सर के बाल बहुत हल्के थे, मगर बदन की ग़लाज़त बदस्तूर मौजूद। चप्पल का एक पैर दुरुस्त हालत में था, दूसरा मरम्मत तलब था। ये कमी उसने पाँव पर रस्सी बाँध कर रखी थी। थोड़ी देर इधर-उधर की बातें हुईं, उन दिनों ग़ालिबन 'Eight Days' की शूटिंग हो रही थी। उसकी कहानी मेरी थी जिसके लिए दो-एक गानों की ज़रूरत थी। मैंने इस ख़याल से कि मीराजी को कुछ रुपये मिल जाएँ, उससे ये गाने लिखने के लिए कहा जो उसने वहीं बैठे-बैठे लिख दिए। मगर खड़े-खड़े क़िस्म के निहायत वाहियात जो यकसर ग़ैर-फ़िल्मी थे। मैंने जब उसको अपना फ़ैसला सुनाया तो वो ख़ामोश रहा। वापस जाते हुए उसने मुझसे सात रुपये तलब किए कि उसे एक अद्धा लेना था।

उसके बाद बहुत देर तक उसको हर रोज़ साढ़े सात रुपये देना मेरा फ़र्ज़ हो गया। मैं ख़ुद बोतल का रसिया था। ये मुँह न लगे तो जी पर क्या गुज़रती है इसका मुझे बख़ूबी इल्म था। इसलिए मैं इस रक़म का इन्तज़ाम कर रखता। सात रुपये में रम का अद्धा आता था, बाक़ी आठ आने उसके आने-जाने के लिए होते थे।

बारिशों का मौसम आया तो उसे बड़ी दिक़्क़त महसूस हुई। बम्बई में इतनी शदीद[113] बारिश होती है कि आदमी की हड्डियाँ तक भीग जाती हैं। उसके पास फ़ालतू कपड़े नहीं थे। इसलिए ये मौसम उसके लिए और भी ज़्यादा तकलीफ़-देह था। इत्तिफ़ाक़ से मेरे पास एक बरसाती थी जो मेरा एक हट्टा-कट्टा फ़ौजी दोस्त सिर्फ़ इसलिए मेरे घर भूल गया था कि वो बहुत

वज़नी थी और उसके कन्धे शल कर देती थी। मैंने उसका ज़िक्र मीराजी से किया और उसके वज़न से भी उसको आगाह कर दिया। मीराजी ने कहा, “कोई परवाह नहीं, मेरे कन्धे उसका बोझ बर्दाश्त कर लेंगे!” चुनांचे मैंने वो बरसाती उसके हवाले कर दी जो सारी बरसात उसके कन्धों पर रही।

मरहूम को समुन्दर से बहुत दिलचस्पी थी। मेरा एक दूर का रिश्तेदार अशरफ़ है वो उन दिनों पायलट था, जूहू में समुन्दर के किनारे रहता था। मीराजी का दोस्त था मालूम नहीं उनकी दोस्ती की बिना क्या थी, क्यूँकि अशरफ़ को शेर-ओ-शायरी से दूर का वास्ता भी नहीं है। बहरहाल मीराजी उसके हाँ रहता था और दिन को उसके हिसाब में पीता था।

अशरफ़ जब अपने झोंपड़े में नहीं होता था तो मीराजी साहिल की नर्म-नर्म और गीली-गीली रेत पर वो बरसाती बिछाकर लेट जाता और मुबहम शेर-ओ-फ़िक्र किया करता था।

उन दिनों हर इतवार को जूहू जाना और दिन भर पीना मेरा मामूल सा हो गया था। दो-तीन दोस्त इकट्ठे हो कर सुब्ह निकल जाते और सारा दिन साहिल पर गुज़ारते। मीराजी वहीं मिल जाता। ऊट-पटाँग क़िस्म के मशाग़िल[114] रहते, हमने इस दौरान में शायद ही कभी अदब के बारे में गुफ़्तगू की हो। मर्दों और औरतों के तीन-चौथाई नंगे जिस्म देखते थे। दही-बड़े और चाट खाते थे। नारियल के पानी के साथ शराब मिला कर पीते थे और मीराजी को वहीं छोड़ कर वापस घर चले आते थे।

अशरफ़ कुछ अर्से के बाद मीराजी का बोझ महसूस करने लगा था। वो ख़ुद पीता था मगर अपनी मुक़र्ररा[115] हद से आगे नहीं बढ़ता था, लेकिन मीराजी के मुतअल्लिक़ उसे शिकायत थी कि वो अपनी हद से गुज़र कर एक और हद क़ायम कर लेता है जिसकी कोई हद नहीं होती। बेहोश पड़ा है, मगर और माँगे जा रहा है। अपनी इस तलब का दायरा बना लेता है और भूल जाता है कि ये कहाँ से शुरू हुई थी और इसे कहाँ ख़त्म होना था।

मुझे उसकी शराब-नोशी के इस पहलू का इल्म नहीं था। लेकिन एक दिन उसका तज्रबा भी हो गया। जिसको याद कर के मेरा दिल आज भी अफ़सुर्दा[116] हो जाता है।

सख़्त बारिश हो रही थी जिसके बाइस बर्क़ी गाड़ियों की नक़्ल-ओ-हरकत[117] का सिलसिला दरहम-बरहम हो गया था। 'ख़ुश्क दिन' होने की वज्ह से शहर में शराब की दुकानें बन्द थीं। मुज़ाफ़ात में सिर्फ़ बांद्रा ही एक ऐसी जगह थी जहाँ से मुक़र्ररा दामों पर ये चीज़ मिल सकती थी। मीराजी मेरे साथ था। उसके अलावा मेरा पुराना लँगोटिया हसन अब्बास जो दिल्ली से मेरे साथ चन्द दिन गुज़ारने के लिए आया था। हम तीनों बांद्रा उतर गए और डेढ़ बोतल रम ख़रीद ली। वापस स्टेशन पर आए तो राजा मेहदी अली ख़ाँ मिल गया, मेरी बीवी लाहौर गई हुई थी। इसलिए प्रोग्राम ये बना कि मीराजी और राजा रात मेरे ही हाँ रहेंगे।

एक बजे तक रम के दौर चलते रहे, बड़ी बोतल ख़त्म हो गई। राजा के लिए दो पैग काफ़ी थे, उनको ख़त्म करके वो एक कोने में बैठ गया और फ़िल्मी गीत लिखने की प्रैक्टिस करता रहा। मैं, हसन अब्बास और मीराजी पीते और फ़ुज़ूल-फ़ुज़ूल बातें करते रहे जिनका सर था न पैर। कर्फ़्यू के बाइस बाज़ार सुनसान था। मैंने कहा अब सोना चाहिए, अब्बास और राजा ने मेरे इस फ़ैसले पर साद किया। मीराजी न माना। अद्धे की मौजूदगी उसके इल्म में थी। इसलिए वो और पीना चाहता था, मालूम नहीं क्यूँ, मैं और अब्बास ज़िद में आ गए और वो अद्धा खोलने से इंकार कर दिया। मीराजी ने पहले मिन्नतें कीं, फिर हुक्म देने लगा। मैं और अब्बास दोनों इन्तिहा दर्जे के सुफ़्ले हो गए। हमने उससे ऐसी बातें कीं कि उनकी याद से मुझे नदामत महसूस होती है। लड़-झगड़ कर हम दूसरे कमरे में चले गए।

मैं सुब्ह-ख़ेज़[118] हूँ, सबसे पहले उठा और साथ वाले कमरे में गया। मैंने रात को राजा से कह दिया था कि वो मीराजी के लिए स्ट्रेचर बिछा दे और ख़ुद

सोफ़े पर सो जाए। राजा स्ट्रेचर में लबालब भरा था। मगर सोफ़े पर मीराजी मौजूद नहीं था। मुझे सख़्त हैरत हुई, ग़ुस्ल-ख़ाने और बावर्ची-ख़ाने में देखा। वहाँ भी कोई नहीं था। मैंने सोचा शायद वो नाराज़गी की हालत में चला गया है। चुनांचे वाक़ियात मालूम करने के लिए मैंने राजा को जगाया। उसने बताया कि मीराजी मौजूद था। उसने ख़ुद उसे सोफ़े पर लिटाया था। हम ये गुफ़्तगू कर ही रहे थे कि मीराजी की आवाज़ आई, "मैं यहाँ मौजूद हूँ।"

वो फ़र्श पर राजा मेहदी अली ख़ान के स्ट्रेचर के नीचे लेटा हुआ था। स्ट्रेचर उठा कर उसको बाहर निकाला गया। रात की बात हम सब के दिल-ओ-दिमाग़ में ऊद[119] कर आई। लेकिन किसी ने उस पर तब्सिरा न किया। मीराजी ने मुझसे आठ आने लिए और भारी-भरकम बरसाती उठा कर चला गया। मुझे उस पर बहुत तरस आया और अपने पर बहुत ग़ुस्सा। चुनांचे मैंने दिल ही दिल में ख़ुद को बहुत लानत-मलामत की कि मैं रात को एक निकम्मी सी बात पर उसको दुख पहुँचाने का बाइस बना।

इसके बाद भी मीराजी मुझसे मिलता रहा। फ़िल्म इंडस्ट्री के हालात मुंक़लिब[120] हो जाने के बाइस मेरा हाथ तंग हो गया था। अब मैं हर रोज़ मीराजी की शराब का ख़र्च बर्दाश्त नहीं कर सकता था। मैंने उससे कभी इसका ज़िक्र नहीं किया। लेकिन उसको इल्म हो गया था, चुनांचे एक दिन मुझे उससे मालूम हुआ कि उसने शराब छोड़ने के क़स्द[121] से भंग खानी शुरू कर दी है।

भंग से मुझे सख़्त नफ़रत है। एक-दो बार इस्तेमाल करने से मैं उसके ज़िल्लत-आफ़रीन[122] नशे और उसके रद्द-ए-अमल का तज्रबा कर चुका हूँ। मैंने मीराजी से जब इसके बारे में गुफ़्तगू की तो उसने कहा, नहीं... मेरा ख़याल है। ये नशा भी कोई बुरा नहीं, इसका अपना रंग है। अपनी कैफ़ियत है, अपना मिज़ाज है।

उसने भंग के नशे की ख़ुसूसियात पर एक लेक्चर-सा शुरू कर दिया।

अफ़सोस है कि मुझे पूरी तरह याद नहीं कि उसने क्या कहा था। उस वक़्त मैं अपने दफ़्तर में था और 'Eight Days' के एक मुश्किल बाब की मंज़र-नवीसी[123] में मशग़ूल था और मेरा दिमाग़ एक वक़्त में सिर्फ़ एक काम करने का आदी है। वो बातें करता रहा और मैं मनाज़िर सोचने में मशग़ूल रहा।

भंग पीने के बाद दिमाग़ पर क्या गुज़रती है। मुझे उसके मुतअल्लिक़ सिर्फ़ इतना ही मालूम था कि गिर्द-ओ-पेश[124] की चीज़ें या तो बहुत छोटी हो जाती हैं या बहुत बड़ी। आदमी हद से ज़्यादा ज़की-उल-हिस[125] हो जाता है। कानों में ऐसा शोर मचता है जैसे उनमें लोहे के कारख़ाने खुल गए हैं। दरिया पानी की हल्की सी लकीर बन जाते हैं और पानी की हल्की सी लकीरें बहुत बड़े दरिया। आदमी हँसना शुरू करे तो हँसता ही जाता है, रोए तो रोते नहीं थकता।

मीराजी ने इस नशे की जो कैफ़ियत बयान की वो मेरा ख़याल है इससे बहुत मुख़्तलिफ़ थी। उसने मुझे उसके मुख़्तलिफ़ मदारिज[126] बताए थे, उस वक़्त जब कि वो भंग खाए हुए था। ग़ालिबन लहरों की बात कर रहा था... "लो वो कुछ गड़बड़ सी हुई... कोई चीज़ इधर-उधर की चीज़ों से मिल-मिला कर ऊपर को उठी... नीचे आ गई... फिर गड़बड़ सी हुई... और... आहिस्ता-आहिस्ता आगे बढ़ने लगी... दिमाग़ की नालियों में रेंगने लगी, सरसराहट महसूस हो रही है... पर बड़ी नर्म-नर्म...पहले नून था पूरे ऐलान के साथ... अब ये ग़ुन्ने में तब्दील हो रहा है... धीरे-धीरे... हौले-हौले... जैसे बिल्ली गुदगुदे पंजों पर चल रही है... ओह... ज़ोर से म्याऊँ हुई... लहर टूट गई... ग़ायब हो गई" और वो चौंक पड़ता।

थोड़े वक़्फ़े के बाद वो फिर यही कैफ़ियत नए सिरे से महसूस करता। "लो, अब फिर नून के ऐलान की तैयारियाँ होने लगीं। गड़बड़ शुरू हो गई है... आस-पास की चीज़ें ये ऐलान सुनने के लिए जमा हो रही हैं। काना फूसियाँ भी हो रही हैं... हो गया... ऐलान हो गया... नून ऊपर को उठा...

आहिस्ता आहिस्ता नीचे आया... फिर वही गड़बड़...वही काना-फूसियाँ... आस-पास की चीज़ों के हुजूम में नून ने अंगड़ाई ली और रेंगने लगा... ग़ुन्ना खिंच कर लम्बा होता जा रहा है... कोई उसे कूट रहा है, रुई के हथौड़ों से... ज़र्बें सुनाई नहीं देतीं, लेकिन उनका नन्हा-मुन्ना, पर से भी हल्का लम्स महसूस हो रहा है... ग़ूँ, ग़ूँ, ग़ूँ... जैसे बच्चा माँ का दूध पीते-पीते सो रहा है... ठहरो, दूध का बुलबुला बन गया है... लो वो फट भी गया..." और वो फिर चौंक पड़ता।

मुझे याद है, मैंने उससे कहा था कि वो अपने इस तज्रबे, अपनी इस कैफ़ियत को अशआर में मिन-ओ-अन[127] बयान करे। उसने वादा किया था, मालूम नहीं उसने इधर तवज्जो दी या भूल गया।

कुरेद-कुरेद कर मैं किसी से कुछ पूछा नहीं करता। सरसरी गुफ़्तगूओं के दौरान मीराजी से मुख़्तलिफ़ मौज़ूओं पर तबादला-ए-ख़यालात होता था, लेकिन उसकी ज़ातियात[128] कभी मोरिज़-ए-गुफ़्तगू[129] में नहीं आई थीं। एक मर्तबा मालूम नहीं किस सिलसिले में उसकी इजाबत-ए-जिंसी के ख़ास ज़रिये का ज़िक्र आ गया। उसने मुझे बताया। "उसके लिए अब मुझे ख़ारिजी चीज़ों से मदद लेनी पड़ती है। मिसाल के तौर पर ऐसी टाँगें जिन पर से मैल उतारा जा रहा है... ख़ून में लिथड़ी हुई ख़ामोशियाँ..."

ये सुनकर मैंने महसूस किया था कि मीराजी की ज़लालत, अब इस इन्तिहा को पहुँच गई है कि उसे ख़ारिजी-ज़राए[130] की इम्दाद तलब करनी पड़ गई है। अच्छा हुआ वो जल्दी मर गया क्योंकि उसकी ज़िन्दगी के ख़राबे में और ज़्यादा ख़राब होने की गुंजाइश बाक़ी नहीं रही थी। वो अगर कुछ देर से मरता तो यक़ीनन उसकी मौत भी एक दर्दनाक इब्हाम बन जाती।

1 संभवतः 2 समय 3 मज़दूरी 4 मुफ़्त खाने वाला 5 विषय 6 स्पष्ट 7 सुलेख 8 उभरा हुआ 9 प्रभावित 10 हस्तलिपि विधा 11 साफ़ दिखने वाला 12 समानता एवं एकरूपता 13 विवादित बात 14 काल्पनिक 15 क़द-काठी 16 तिरस्कार 17 संक्षिप्त 18 आलोचना 19 आश्चर्य का कारण 20 अस्पष्टता 21 समझ 22 बहुत ऊँचा, परे 23 वेश-भूषा 24 संयोग 25 मज़ाक़ में 26 लोहे का 27 प्रतिक्रिया 28 प्रकट होना 29 ऊपरी 30 वेश-भूषा 31 गन्दा 32 साहित्यकार 33 गन्दगी 34 आर्थिक 35 निशानी 36 फ़क़ीरी 37 अध्यात्मवाद, आत्मवाद 38 जाति, वर्ग 39 यथा शक्ति 40 गन्दी गालियाँ, अश्लील बातें 41 अश्लील बात 42 अकेला 43 यौन क्रिया, सम्भोग 44 दोषी 45 यौन-सन्तुष्टि 46 सहभागी 47 जाति 48 अलग 49 बाहरी 50 ख़याल 51 जिस्म का बहुवचन 52 पता नहीं कब से और कब तक 53 तीन का सम्भोग 54 ज्यामितीय 55 कोण 56 आशा 57 निराशा 58 यौन उत्पीड़न का पक्षधर 59 उद्गम-स्थल 60 लम्बा 61 कोशिका 62 लिहाज़ा, किसी बन्धन के कारण 63 कुम्हार 64 बनावट 65 ख़ूबी 66 लगातार 67 भ्रमण, चक्कर 68 ऊँचा 69 बिलकुल 70 औरतों जैसे कपड़े 71 पहना हुआ 72 विकृत 73 कल्पना 74 कष्टदायक 75 स्पष्ट 76 त्रिकोण 77 गोलाकार 78 तीन का संयोग 79 मिलना 80 प्रतिक्रिया 81 प्रेम सम्बन्ध 82 अखण्डता 83 सीधी रेखा 84 पूछताछ 85 सबसे छोटा 86 सृजन 87 मूल, आधार (बहुवचन) 88 सूखा 89 गले लगाना 90 चौसर का खेल 91 सन्तानोत्पत्ति 92 चेहरे, आकृति 93 उद्भव 94 लैंगिक उत्सर्जन 95 ज़रूरत पूरी करना 96 दुर्गति 97 शायरी 98 कारण 99 विषय 100 लाभकारिता 101 गम्भीर, गहरा 102 हवा की दिशा दिखाने वाला यंत्र 103 जिसमें कोई बनावट न हो 104 स्पष्ट रूप से, खुल्लम खुल्ला 105 धोखा देना 106 महानतम 107 निकालना 108 अहानिकर 109 बाँझ 110 वंश बढ़ाने की शक्ति 111 शगुन 112 इच्छा होने के समय 113 तेज़ 114 व्यस्तता 115 नियत, निश्चित 116 उदास, निढाल 117 आवा-जाही 118 जिसे तड़के उठने की आदत हो 119 अचानक 120 उथल-पुथल 121 इरादा 122 दोषपूर्ण 123 शब्दों में चित्रण 124 आस-पास 125 संवेदनशील 126 दर्जा का बहुवचन 127 ज्यों का त्यों 128 व्यक्तिगत विषय 129 बातचीत का रुख़ 130 बाहरी साधन

माँ जी

कुदरतुल्लाह शहाब
(1917 - 1986)

माँ जी की पैदाइश का सही साल मालूम न हो सका। जिस ज़माने में लायलपुर का ज़िला नया-नया आबाद हो रहा था, पंजाब के हर क़स्बे से ग़रीब-उल-हाल लोग ज़मीन हासिल करने के लिए इस नई कॉलोनी में जौक़-दर-जौक़[1] खिंचे चले आ रहे थे। उर्फ़-ए-आम[2] में लायलपुर, झंग, सरगोधा वग़ैरा को 'बार' का इलाक़ा कहा जाता था।

उस ज़माने में माँ जी की उम्र दस-बारह साल थी। इस हिसाब से उनकी पैदाइश पिछली सदी के आख़िरी दस-पन्द्रह सालों में किसी वक़्त हुई होगी।

माँ जी का आबाई वतन तहसील रोपड़ ज़िला अम्बाला में एक गाँव मनीला नामी था। वालिदैन के पास चन्द एकड़ अराज़ी[3] थी। उन दिनों रोपड़ में दरिया-ए-सतलज से नहर सरहिन्द की खुदाई हो रही थी। नाना जी की अराज़ी नहर की खुदाई में ज़म हो गई। रोपड़ में अंग्रेज़ हाकिम के दफ़्तर से ऐसी ज़मीनों के मुआवज़े दिये जाते थे। नाना जी दो-तीन बार मुआवज़े की तलाश में शहर गए लेकिन सीधे आदमी थे। कभी इतना भी मालूम न कर सके कि अंग्रेज़ का दफ़्तर कहाँ है और मुआवज़ा वसूल करने के लिए क्या क़दम उठाना चाहिए। अंजाम-कार सब्र-ओ-शुक्र कर के बैठ गए और नहर की खुदाई की मज़दूरी करने लगे।

उन्हीं दिनों पर्चा लगा कि बार में कॉलोनी खुल गई है और नए आबादकारों को मुफ़्त ज़मीन मिल रही है। नाना जी अपनी बीवी, दो नन्हे बेटों और एक बेटी का कुम्बा[4] साथ लेकर लायलपुर रवाना हो गए। सवारी की तौफ़ीक़ न

थी। इसलिए पा-पियादा चल खड़े हुए।

रास्ते में मेहनत मज़दूरी कर के पेट पालते। नाना जी जगह-ब-जगह क़ुली का काम कर लेते या किसी टाल पर लकड़ियाँ चीर देते। नानी और माँ जी किसी का सूत कात देतीं या मकानों के फ़र्श और दीवारें लीप देतीं। लायलपुर का सही रास्ता किसी को न आता था जगह-जगह भटकते थे और पूछ-पूछ कर दिनों की मंज़िल हफ़्तों में तय करते थे।

डेढ़ दो महीने की मुसाफ़त[5] के बाद जड़ाँवाला पहुँचे। पा-पियादा चलने और मेहनत मज़दूरी की मशक़्क़त से सबके जिस्म निढाल और पाँव सूजे हुए थे। यहाँ पर चन्द माह क़याम[6] किया। नाना जी दिन भर ग़ल्ला मण्डी में बोरियाँ उठाने का काम करते। नानी पर्चा कात कर सूत बेचतीं और माँ जी घर सँभालतीं जो एक छोटे से झोंपड़े पर मुश्तमिल[7] था।

उन्हीं दिनों बक़रईद का तेहवार आया। नाना जी के पास चन्द रुपये जमा हो गए थे। उन्होंने माँ जी को तीन आने बतौर ईदी दिए। ज़िन्दगी में पहली बार माँ जी के हाथ इतने पैसे आए थे। उन्होंने बहुत सोचा लेकिन उस रक़म का कोई मसरफ़[8] उनकी समझ में न आ सका। वफ़ात के वक़्त उनकी उम्र कोई अस्सी बरस के लगभग थी लेकिन उनके नज़दीक सौ रुपये, दस रुपये, पाँच रुपये के नोटों में इम्तियाज़ करना आसान काम न था, ईदी के तीन आने कई रोज़ माँ जी के दुपट्टे के एक कोने में बँधे रहे। जिस रोज़ वो जड़ाँवाला से रुख़्सत हो रही थीं माँ जी ने ग्यारह पैसे का तेल ख़रीद कर मस्जिद के चिराग़ में डाल दिया। बाक़ी एक पैसा अपने पास रक्खा। उसके बाद जब कभी ग्यारह पैसे पूरे हो जाते तो वो फ़ौरन मस्जिद में तेल भेजवा देतीं।

सारी उम्र जुमेरात की शाम को इस अमल पर बड़ी वज़ादारी से पाबन्द रहीं। रफ़्ता-रफ़्ता बहुत सी मस्जिदों में बिजली आ गई लेकिन लाहौर और कराची जैसे शहरों में भी उन्हें ऐसी मस्जिदों का इल्म रहता था जिनके चिराग़

अब भी तेल से रौशन होते थे। वफ़ात की शब भी माँ जी के सिरहाने मलमल के रूमाल में बँधे हुए चन्द आने मौजूद थे। ग़ालिबन ये पैसे भी मस्जिद के तेल के लिए जमा कर रखे थे चूँकि वो जुमेरात की शब थी।

उन चन्द आनों के अलावा माँ जी के पास न कुछ और रक़्म थी और न कोई ज़ेवर। अस्बाब-ए-दुनिया[9] में उनके पास गिनती की चन्द चीज़ें थीं। तीन जोड़े सूती कपड़े, एक जोड़ा देसी जूता, एक जोड़ा रबड़ के चप्पल, एक ऐनक, एक अँगूठी जिसमें तीन छोटे-छोटे फ़िरोज़े जड़े हुए थे। एक जा-ए-नमाज़, एक तस्बीह और बाक़ी अल्लाह-अल्लाह। पहनने के लिए तीन जोड़ों को वो ख़ास एहतिमाम से रखती थीं। एक ज़ेब-ए-तन, दूसरा अपने हाथों से धो कर तकिए के नीचे रखा रहता था ताकि इस्त्री हो जाए। तीसरा धोने के लिए तैयार। इनके अलावा अगर चौथा कपड़ा उनके पास आता था तो वो चुपके से एक जोड़ा किसी को दे देती थीं। इसी वज्ह से सारी उम्र उन्हें सूटकेस रखने की हाजत महसूस न हुई। लम्बे से लम्बे सफ़र पर रवाना होने के लिए उन्हें तैयारी में चन्द मिनट से ज़्यादा न लगते थे। कपड़ों की पोटली बना कर उन्हें जा-ए-नमाज़ में लपेटा। जाड़ों में ऊनी फ़र्द और गर्मियों में मलमल की दुपट्टे की बुक्कल मारी और जहाँ कहिए चलने को तैयार। सफ़र-ए-आख़िरत[10] भी उन्होंने इसी सादगी से इख़्तियार किया। मैले कपड़े अपने हाथों से धो कर तकिए के नीचे रखे। नहा-धो कर बाल सुखाए और चन्द ही मिनटों में ज़िन्दगी के सब से लम्बे सफ़र पर रवाना हो गईं। जिस ख़ामोशी से दुनिया में रही थीं, उसी ख़मोशी से उक़्बा[11] को सिधार गईं। ग़ालिबन इस मौक़े के लिए वो अक्सर ये दुआ माँगा करती थीं, कि अल्लाह-तआला हाथ चलते-चलाते उठा ले। अल्लाह कभी किसी का मोहताज न करे।

खाने-पीने में वो कपड़े-लत्ते से भी ज़्यादा सादा और ग़रीब-मिज़ाज थीं। उनकी मर्ग़ूब-तरीन[12] ग़िज़ा मकई की रोटी, धनिए-पोदीने की चटनी के साथ थी। बाक़ी चीज़ें ख़ुशी से तो खा लेती थीं लेकिन शौक़ से नहीं। तक़रीबन हर

निवाले पर अल्लाह का शुक्र अदा करती थीं। फलों में कभी बहुत ही मजबूर किया जाए तो कभी-कभार केले की फ़रमाइश करती थीं। अलबत्ता नाश्ते में चाय दो प्याले और तीसरे पहर सादा चाय का एक प्याला ज़रूर पीती थीं। खाना सिर्फ़ एक वक़्त खाती थीं। अक्सर-ओ-बेशतर दोपहर का। शाज़-ओ-नादिर[13] रात का। गर्मियों में उमूमन मक्खन निकाली हुई पतली नमकीन लस्सी के साथ एक आध सादा चपाती उनकी महबूब ख़ुराक थी।

दूसरों को कोई चीज़ रग़बत[14] से खाते देख कर ख़ुश होती थीं और हमेशा दुआ करती थीं। सब का भला। ख़ास अपने या अपने बच्चों के लिए उन्होंने बराह-ए-रास्त कभी कुछ न माँगा। पहले दूसरों के लिए माँगती थीं और उसके बाद मख़्लूक़-ए-ख़ुदा की हाजत-रवाई[15] के तुफ़ैल अपने बच्चों या अज़ीज़ों का भला चाहती थीं। अपने बेटों या बेटियों को उन्होंने अपनी ज़बान से कभी मेरे बेटे या मेरी बेटी कहने का दावा नहीं किया। हमेशा उनको अल्लाह का माल कहा करती थीं।

किसी से कोई काम लेना माँ जी पर बहुत गिराँ गुज़रता था। अपने सब काम वो अपने हाथों ख़ुद अंजाम देती थीं। अगर कोई मुलाज़िम ज़बरदस्ती उनका कोई काम कर देता तो उन्हें एक अजीब क़िस्म की शर्मिन्दगी का एहसास होने लगता था और वो एहसान-मन्दी से सारा दिन उसे दुआएँ देती रहती थीं।

सादगी और दरवेशी का ये रख-रखाव कुछ तो क़ुदरत ने माँ जी की सरिश्त में पैदा किया था कुछ यक़ीनन ज़िन्दगी के ज़ेर-ओ-बम[16] ने सिखाया था।

जड़ाँवाला में कुछ अर्सा क़याम के बाद जब वो अपने वालिदैन और ख़ुर्द-साल भाइयों के साथ ज़मीन की तलाश में लायलपुर की कॉलोनी की तरफ़ रवाना हुईं तो उन्हें मालूम न था कि उन्हें किस मुक़ाम पर जाना है और

ज़मीन हासिल करने के लिए क्या क़दम उठाना है। माँ जी बताया करती थीं कि उस ज़माने में उनके ज़ेहन में कॉलोनी का तसव्वुर एक फ़रिश्ता-सीरत[17] बुज़ुर्ग का था जो कि कहीं सर-ए-राह बैठा ज़मीन के परवाने तक़्सीम कर रहा होगा। कई हफ़्ते ये छोटा सा क़ाफ़िला लायलपुर के इलाक़े में पा-पियादा भटकता रहा लेकिन किसी राहगुज़ार पर उन्हें कॉलोनी का ख़िज़्र-सूरत[18] रहनुमा न मिल सका। आख़िर तंग आ कर उन्होंने चक नम्बर 392 में, जो उन दिनों नया-नया आबाद हो रहा था, डेरे डाल दिए। लोग जौक़-दर-जौक़ वहाँ आ कर आबाद हो रहे थे। नाना जी ने अपनी सादगी में ये समझा कि कॉलोनी में आबाद होने का शायद यही एक तरीक़ा होगा। चुनांचे उन्होंने एक छोटा सा अहाता घेर कर घास-फूँस की झोंपड़ी बनाई और बंजर अराज़ी का एक क़ता[19] तलाश कर के काश्त की तैयारी करने लगे। उन्हीं दिनों महकमा-ए-माल का अमला पड़ताल के लिए आया। नाना जी के पास अलॉटमेंट के काग़ज़ात न थे। चुनांचे उन्हें चक से निकाल दिया गया और सरकारी ज़मीन पर नाजायज़ झोंपड़ा बनाने की पादाश में उनके बर्तन और बिस्तर क़ुर्क़ कर लिए गए। अमले के एक आदमी ने चाँदी की दो बालियाँ भी माँ जी के कानों से उतरवा लीं। एक बाली उतारने में ज़रा देर हुई तो उसने ज़ोर से खींच ली, जिससे माँ जी के कान का ज़ेरीं[20] हिस्सा बुरी तरह से फट गया।

चक 392 से निकल कर जो रास्ता सामने आया उस पर चल खड़े हुए। गर्मियों के दिन थे। दिन भर लू चलती थी। पानी रखने के लिए मिट्टी का प्याला भी पास न था। जहाँ कहीं कोई कुआँ नज़र आया माँ जी अपना दुपट्टा भिगो लेतीं ताकि प्यास लगने से अपने छोटे भाइयों को चुसाती जाएँ। इस तरह वो चलते-चलते चक नम्बर 507 में पहुँचे जहाँ पर एक जान-पहचान के आबाद-कार ने नाना जी को अपना मुज़ारे[21] रख लिया। नाना जी हल चलाते थे। नानी मवेशी चराने ले जाती थीं। माँ जी खेतों से घास और चारा काट कर ज़मींदार की भैंसों और गायों के लिए लाया करती थीं। उन दिनों उन्हें मक़्दूर भी

न था कि एक वक़्त की रोटी भी पूरी तरह खा सकें। किसी वक़्त जंगली बेरों पर गुज़ारा होता था। कभी ख़रबूज़े के छिलके उबाल कर खा लेते थे। कभी किसी खेत में कच्ची अम्बियाँ गिरी हुई मिल गईं तो उनकी चटनी बना लेते थे। एक रोज़ कहीं से तोरिए और कुल्थे का मिला-जुला साग हाथ आ गया। नानी मेहनत मज़दूरी में मसरूफ़ थीं। माँ जी ने साग चूल्हे पर चढ़ाया। जब पक कर तैयार हो गया और साग को एलन लगा कर घोटने का वक़्त आया तो माँ जी ने डोई ऐसे ज़ोर से चलाई कि हण्डिया का पेन्दा टूट गया और सारा साग बह कर चूल्हे में आ पड़ा। माँ जी को नानी से डाँट पड़ी और मार भी। रात को सारे ख़ानदान ने चूल्हे की लकड़ियों पर गिरा हुआ साग उँगलियों से चाट चाट कर किसी क़दर पेट भरा।

चक नम्बर 507 नाना जी को ख़ूब रास आया। चन्द माह की मेहनत मज़दूरी के बाद नई आबाद-कारी के सिलसिले में आसान क़िस्तों पर उनको एक मुरब्बा ज़मीन मिल गई। रफ़्ता-रफ़्ता दिन फिरने लगे और तीन साल में उनका शुमार गाँव के खाते-पीते लोगों में होने लगा। जूँ-जूँ फ़ारिग़-उल-बाली बढ़ती गई तूँ-तूँ आबाई-वतन[22] की याद सताने लगी। चुनांचे ख़ुशहाली के चार-पाँच साल गुज़ारने के बाद सारा ख़ानदान रेल में बैठ कर मनीला की तरफ़ रवाना हुआ। रेल का सफ़र माँ जी को बहुत पसन्द आया। वो सारा वक़्त खिड़की से बाहर मुँह निकाल कर तमाशा देखती रहीं। इस अमल में कोयले के बहुत से ज़र्रे उनकी आँखों में पड़ गए। जिसकी वज्ह से कई रोज़ तक वो आशोब-ए-चश्म[23] में मुब्तिला रहीं। इस तज्रबे के बाद उन्होंने सारी उम्र अपने किसी बच्चे को रेल की खिड़की से बाहर मुँह निकालने की इजाज़त न दी।

माँ जी रेल के थर्ड क्लास डिब्बे में बहुत ख़ुश रहती थीं। हम-सफ़र औरतों और बच्चों से फ़ौरन घुल-मिल जातीं। सफ़र की थकान और रास्ते के गर्द-ओ-ग़ुबार का उन पर कुछ असर न होता। इसके बर-अक्स ऊँचे दर्जों में बहुत बेज़ार हो जातीं। एक-दो बार जब उन्हें मजबूरन एयर कंडीशन डिब्बे

में सफ़र करना पड़ा तो वो थक कर चूर हो गईं और सारा वक़्त क़ैद की सुऊबत[24] की तरह उन पर गिराँ गुज़रा।

मनीला पहुँच कर नाना जी ने अपना आबाई मकान दुरुस्त किया। अज़ीज़-ओ-अक़ारिब[25] को तहाइफ़ दिए। दावतें हुईं और फ़िर माँ जी के लिए बर ढूँढने का सिलसिला शुरू हो गया।

उस ज़माने में लायलपुर के मुरब्बादारों की बड़ी धूम थी। उनका शुमार ख़ुशक़िस्मत और बाइज़्ज़त लोगों में होता था। चुनांचे चारों तरफ़ से माँ जी के लिए पै-दर-पै[26] पयाम आने लगे। यूँ भी उन दिनों माँ जी के बड़े ठाठ-बाठ थे। बिरादरी वालों पर रोब गाँठने के लिए नानी जी उन्हें हर रोज़ नित नए कपड़े पहनाती थीं और हर वक़्त दुल्हनों की तरह सजा कर रखती थीं।

कभी कभार पुरानी यादों को ताज़ा करने के लिए माँ जी बड़े मासूम फ़ख़्र से कहा करती थीं। उन दिनों मेरा तो गाँव में निकलना दूभर हो गया था। मैं जिस तरफ़ से गुज़र जाती लोग ठिठक कर खड़े हो जाते और कहा करते, ये ख़याल बख़्श मुरब्बादार की बेटी जा रही है। देखिए कौन ख़ुश-नसीब इसे ब्याह कर ले जाएगा।

"माँ जी! आप की अपनी नज़र में कोई ऐसा ख़ुश-नसीब नहीं था!" हम लोग छेड़ने की ख़ातिर उनसे पूछा करते।

"तौबा-तौबा पत", माँ जी कानों पर हाथ लगातीं, "मेरी नज़र में भला कोई कैसे हो सकता था। हाँ मेरे दिल में इतनी सी ख़्वाहिश ज़रूर थी कि अगर मुझे ऐसा आदमी मिले जो दो हर्फ़ पढ़ा-लिखा हो तो ख़ुदा की बड़ी मेहरबानी होगी।"

सारी उम्र में ग़ालिबन यही एक ख़्वाहिश थी जो माँ जी के दिल में ख़ुद अपनी ज़ात के लिए पैदा हुई। उसको ख़ुदा ने यूँ पूरा कर दिया कि उसी साल माँ जी की शादी अब्दुल्लाह साहब से हो गई। उन दिनों सारे इलाक़े

में अब्दुल्लाह साहब की तूती बोल रही थी। वो एक अमीर-कबीर घराने के चश्म-ओ-चराग़[27] थे लेकिन पाँच-छः बरस की उम्र में यतीम भी हो गए और बे-हद मफ़्लूक़-उल-हाल[28] भी। जब बाप का साया सर से उठा तो ये इंकिशाफ़[29] हुआ कि सारी आबाई जायदाद रहन पड़ी है। चुनांचे अब्दुल्लाह साहब अपनी वालिदा के साथ एक झोंपड़े में उठ आए। ज़र और ज़मीन का ये अंजाम देख कर उन्होंने ऐसी जायदाद बनाने का अज़्म[30] कर लिया जो महाजनों के हाथ गिरवी न रखी जा सके। चुनांचे अब्दुल्लाह साहब दिल-ओ-जान से तालीम हासिल करने में मुनहमिक[31] हो गए। वज़ीफ़े पर वज़ीफ़ा हासिल कर के और दो साल के इम्तिहान एक एक साल में पास कर के पंजाब यूनिवर्सिटी के मैट्रिकुलेशन में अव्वल आए। उस ज़माने में ग़ालिबन ये पहला मौक़ा था कि किसी मुसलमान तालिब-ए-इल्म ने यूनिवर्सिटी इम्तिहान में रिकॉर्ड क़ायम किया हो।

उड़ते-उड़ते ये ख़बर सर सय्यद के कानों में पड़ गई जो उस वक़्त अलीगढ़ मुस्लिम कॉलेज की बुनियाद रख चुके थे। उन्होंने अपना ख़ास मुंशी गाँव में भेजा और अब्दुल्लाह साहब को वज़ीफ़ा दे कर अलीगढ़ बुला लिया। यहाँ पर अब्दुल्लाह साहब ने ख़ूब बढ़-चढ़ कर अपना रंग निकाला और बी. ए. करने के बाद उन्नीस बरस की उम्र में वहीं पर अंग्रेज़ी, अरबी, फ़लसफ़ा और हिसाब के लेक्चरर हो गए।

सर सय्यद को इस बात की धुन थी कि मुसलमान नौजवान ज़्यादा से ज़्यादा तादाद में आला मुलाज़िमतों पर जाएँ। चुनांचे उन्होंने अब्दुल्लाह साहब को सरकारी वज़ीफ़ा दिलवाया ताकि वो इंग्लिस्तान में जा कर आई.सी.एस. के इम्तिहान में शरीक हों।

पिछली सदी के बड़े-बूढ़े सात समुन्दर पार के सफ़र को बला-ए-नागहानी[32] समझते थे। अब्दुल्लाह साहब की वालिदा ने बेटे को विलायत जाने

से मना कर दिया। अब्दुल्लाह साहब की सआदत-मन्दी[33] आड़े आई और उन्होंने वज़ीफ़ा वापस कर दिया।

इस हरकत पर सर सय्यद को बेहद ग़ुस्सा भी आया और दुख भी हुआ। उन्होंने लाख समझाया, बुझाया, डराया, धमकाया लेकिन अब्दुल्लाह साहब टस से मस न हुए।

"क्या तुम अपनी बूढ़ी माँ को क़ौम के मफ़ाद[34] पर तरजीह देते हो?" सर सय्यद ने कड़क कर पूछा।

"जी हाँ", अब्दुल्लाह साहब ने जवाब दिया।

ये टका सा जवाब सुन कर सर सय्यद आपे से बाहर हो गए। कमरे का दरवाज़ा बन्द कर के पहले उन्होंने अब्दुल्लाह साहब को लातों, मुक्कों, थप्पड़ों और जूतों से ख़ूब पीटा और कॉलेज की नौकरी से बरख़ास्त कर के ये कह कर अलीगढ़ से निकाल दिया, "अब तुम ऐसी जगह जा कर मरो जहाँ से मैं तुम्हारा नाम भी न सुन सकूँ।"

अब्दुल्लाह साहब जितने सआदत-मन्द बेटे थे, उतने ही सआदत-मन्द शागिर्द भी थे। नक़्शे पर उन्हें सब से दूर-उफ़्तादा[35] और दुश्वार-गुज़ार मक़ाम गिलगित नज़र आया। चुनांचे वो नाक की सीध में गिलगित पहुँचे और देखते ही देखते वहाँ की गवर्नरी के ओहदे पर फ़ाइज़[36] हो गए।

जिन दिनों माँ जी की मंगनी की फ़िक्र हो रही थी उन्हीं दिनों अब्दुल्लाह साहब भी छुट्टी पर गाँव आए हुए थे। क़िस्मत में दोनों का संजोग लिखा हुआ था। उनकी मंगनी हो गई और एक माह बाद शादी भी ठहर गई ताकि अब्दुल्लाह साहब दुल्हन को अपने साथ गिलगित ले जाएँ।

मंगनी के बाद एक रोज़ माँ जी अपनी सहेलियों के साथ पास वाले गाँव में मेला देखने गई हुई थीं। इत्तिफ़ाक़न या शायद दानिस्ता[37] अब्दुल्लाह साहब भी वहाँ पहुँच गए।

माँ जी की सहेलियों ने उन्हें घेर लिया और हर एक ने छेड़-छेड़ कर उनसे पाँच-पाँच रुपये वसूल कर लिए। अब्दुल्लाह साहब ने माँ जी को भी बहुत से रुपये पेश किए लेकिन उन्होंने इंकार कर दिया। बहुत इसरार बढ़ गया तो मजबूरन माँ जी ने ग्यारह पैसे की फ़रमाइश की।

"इतने बड़े मेले में ग्यारह पैसे लेकर क्या करोगी", अब्दुल्लाह साहब ने पूछा।

"अगली जुमेरात को आपके नाम से मस्जिद में तेल डाल दूँगी।" माँ जी ने जवाब दिया।

ज़िन्दगी के मेले में भी अब्दुल्लाह साहब के साथ माँ जी का लेन-देन सिर्फ़ जुमेरात के ग्यारह पैसों तक ही महदूद रहा। इससे ज़्यादा रक़म न कभी उन्होंने माँगी न अपने पास रखी।

गिलगित में अब्दुल्लाह साहब की बड़ी शान-ओ-शौकत थी। ख़ूबसूरत बंगला, वसी बाग़, नौकर-चाकर, दरवाज़े पर सिपाहियों का पहरा। जब अब्दुल्लाह साहब दौरे पर बाहर जाते थे या वापस आते थे तो सात तोपों की सलामी दी जाती थी। यूँ भी गिलगित का गवर्नर ख़ास सियासी इन्तिज़ामी और समाजी इक़्तिदार[38] का हामिल था लेकिन माँ जी पर उस सारे जाह-ओ-जलाल[39] का ज़र्रा भी असर न हुआ। किसी क़िस्म का छोटा बड़ा माहौल उन पर असर अन्दाज़ न होता था। बल्कि माँ जी की अपनी सादगी और ख़ुद ऐतिमादी हर माहौल पर ख़ामोशी से छा जाती थी।

उन दिनों सर मैल्कम हेली हुकूमत-ए-ब्रितानिया की तरफ़ से गिलगित की रूसी और चीनी सरहदों पर पॉलीटिकल एजेंट के तौर पर मामूर थे। एक रोज़ लेडी हेली और उनकी बेटी माँ जी से मिलने आईं। उन्होंने फ्रॉक पहने हुए थे और पिण्डलियाँ खुली थीं। ये बे-हिजाबी[40] माँ जी को पसन्द न आई। उन्होंने लेडी हेली से कहा, "तुम्हारी उम्र तो जैसे गुज़रनी थी गुज़र ही गई है।

अब आप अपनी बेटी की आक़िबत तो ख़राब न करो।" ये कह कर उन्होंने मिस हेली को अपने पास रख लिया और चन्द महीनों में उसे खाना-पकाना, सीना-पिरोना, बर्तन माँझना, कपड़े धोना, सिखा कर माँ-बाप के पास वापस भेज दिया।

जब रूस में इंक़िलाब बरपा हुआ तो लॉर्ड किचेनर सरहदों का मुआइना करने गिलगित आए। उनके एज़ाज़[41] में गवर्नर की तरफ़ से ज़ियाफ़त[42] का एहतिमाम हुआ। माँ जी ने अपने हाथ से दस बारह क़िस्म के खाने पकाए। खाने लज़ीज़ थे। लॉर्ड किचेनर ने अपनी तक़रीर में कहा, "मिस्टर गवर्नर, जिस ख़ानसामाँ ने ये खाने पकाए हैं, बराह-ए-मेहरबानी मेरी तरफ़ से आप उनके हाथ चूम लें।"

दावत के बाद अब्दुल्लाह साहब फ़रहाँ-व-शादाँ[43] घर लौटे तो देखा कि माँ जी बावर्चीख़ाने के एक कोने में चटाई पर बैठी नमक और मिर्च की चटनी के साथ मकई की रोटी खा रही हैं।

एक अच्छे गवर्नर की तरह अब्दुल्लाह साहब ने माँ जी के हाथ चूमे और कहा, "अगर लॉर्ड किचेनर ये फ़रमाइश करता कि वो ख़ुद ख़ानसामाँ के हाथ चूमना चाहता है तो फिर तुम क्या करतीं?"

"मैं" माँ जी तुनक कर बोलीं, "मैं उसकी मूँछें पकड़ कर जड़ से उखाड़ देती। फिर आप क्या करते?"

"मैं" अब्दुल्लाह साहब ने ड्रामा किया, "मैं उन मूँछों को रुई में लपेट कर वायसराए के पास भेज देता और तुम्हें साथ लेकर कहीं और भाग जाता, जैसे सर सय्यद के हाँ से भागा था।"

माँ जी पर उन मुकालमों का कुछ असर न होता था लेकिन एक बार माँ जी रश्क-ओ-हसद[44] की उस आग में जल-भुन कर कबाब हो गईं जो हर औरत का अज़ली[45] विर्सा है।

गिलगित में हर क़िस्म के अहकामात गवर्नरी के नाम पर जारी होते थे। जब ये चर्चा माँ जी तक पहुँचा तो उन्होंने अब्दुल्लाह साहब से गिला किया।

"भला हुकूमत तो आप करते हैं लेकिन गवर्नरी-गवर्नरी कह कर मुझ ग़रीब का नाम बीच में क्यूँ लाया जाता है ख़्वाह-मख़ाह!"

अब्दुल्लाह साहब अलीगढ़ के पढ़े हुए थे। रग-ए-ज़राफ़त[46] फड़क उठी और बे-एतिनाई[47] से फ़रमाया, "भागवान ये तुम्हारा नाम थोड़े है। गवर्नरी तो दर-अस्ल तुम्हारी सौतन है जो दिन-रात मेरा पीछा करती रहती है।"

मज़ाक़ की चोट थी। अब्दुल्लाह साहब ने समझा बात आई-गई हो गई लेकिन माँ जी के दिल में ग़म बैठ गया। उस ग़म में वो अन्दर ही अन्दर कुढ़ने लगीं।

कुछ अर्से के बाद कश्मीर का महाराजा प्रताप सिंह अपनी महारानी के साथ गिलगित के दौरे पर आया। माँ जी ने महारानी से अपने दिल का हाल सुनाया। महारानी भी सादा औरत थी। जलाल में आ गई, "हाय-हाय हमारे राज में ऐसा ज़ुल्म। मैं आज ही महाराज से कहूँगी कि वो अब्दुल्लाह साहब की ख़बर लें।"

जब ये मुक़द्दमा महाराजा प्रताप सिंह तक पहुँचा तो उन्होंने अब्दुल्लाह साहब को बुला कर पूछ-गछ की। अब्दुल्लाह साहब भी हैरान थे कि बैठे बिठाए ये क्या उफ़्ताद आ पड़ी लेकिन जब मुआमले की तह तक पहुँचे तो दोनों ख़ूब हँसे। आदमी दोनों ही वज़ादार थे। चुनांचे महाराजा ने हुक्म निकाला कि आइन्दा से गिलगित की गवर्नरी को वज़ारत और गवर्नर को वज़ीर-ए-वज़ारत[48] के नाम से पुकारा जाए। 1947 ई. की जंग-ए-आज़ादी तक गिलगित में यही सरकारी इस्तिलाहात[49] राइज थीं।

ये हुक्मनामा सुन कर महारानी ने माँ जी को बुला कर ख़ुशख़बरी सुनाई कि महाराज ने गवर्नरी को देस निकाला दिया है, "अब तुम दूधों नहाओ, पूतों

फलो।" महारानी ने कहा, "कभी हमारे लिए भी दुआ करना।"

महाराजा और महारानी की कोई औलाद न थी। इसलिए वो अक्सर माँ जी से दुआ की फ़रमाइश करते थे। औलाद के मुआमले में माँ जी क्या वाक़ई ख़ुश-नसीब थीं? ये एक ऐसा सवालिया निशान है जिसका जवाब आसानी से नहीं सूझता।

माँ जी ख़ुद ही तो कहा करती थीं कि उन जैसी ख़ुश-नसीब माँ दुनिया में कम ही होती है लेकिन अगर सब्र-ओ-शुक्र, तस्लीम-व-रज़ा[50] की ऐनक उतार कर देखा जाए तो इस ख़ुशनसीब के पर्दे में कितने दुख, कितने ग़म, कितने सदमे नज़र आते हैं।

अल्लाह मियाँ ने माँ जी को तीन बेटियाँ और तीन बेटे अता किए। दो बेटियाँ शादी के कुछ अर्से बाद यके-बाद-दीगरे[51] फ़ौत[52] हो गईं। सब से बड़ा बेटा ऐन आलम-ए-शबाब में इंग्लिस्तान जा कर गुज़र गया।

कहने को तो माँ जी ने कह दिया कि अल्लाह का माल था अल्लाह ने ले लिया लेकिन क्या वो अकेले में छुप-छुप कर ख़ून के आँसू रोया न करती होंगी?

जब अब्दुल्लाह साहब का इन्तिक़ाल हुआ तो उनकी उम्र बासठ साल और माँ जी की उम्र पचपन साल थी। सह-पहर का वक़्त था। अब्दुल्लाह साहब बान की खुरदुरी चारपाई पर हस्ब-ए-मामूल[53] गाव-तकिया लगा कर नीम दराज़ थे। माँ जी पाएँती बैठी चाक़ू से गन्ना छील-छील कर उनको दे रही थीं। वो मज़े-मज़े से गन्ना चूस रहे थे और मज़ाक़ कर रहे थे। फिर यकायक संजीदा हो गए और कहने लगे, "भागवान शादी से पहले मेले में मैंने तुम्हें ग्यारह पैसे दिए थे क्या उनको वापस करने का वक़्त नहीं आया?"

माँ जी ने नई दुल्हनों की तरह सर झुका लिया और गन्ना छीलने में मसरूफ़ हो गईं। उनके सीने में बयक-वक़्त बहुत ख़याल उमड़ आए। "अभी

वक़्त कहाँ आया है। सरताज शादी के पहले ग्यारह पैसों की तो बड़ी बात है लेकिन शादी के बाद जिस तरह तुम ने मेरे साथ निबाह किया है उस पर मैंने तुम्हारे पाँव धो कर पीने हैं। अपनी खाल की जूतियाँ तुम्हें पहनानी हैं। अभी वक़्त कहाँ आया है मेरे सरताज।"

लेकिन क़ज़ा-ओ-क़द्र[54] के बही खाते में वक़्त आ चुका था। जब माँ जी ने सर उठाया तो अब्दुल्लाह साहब गन्ने की क़ाश मुँह में लिए गाव तकिया पर सो रहे थे। माँ जी ने बहुतेरा बुलाया, हिलाया, चुमकारा लेकिन अब्दुल्लाह साहब ऐसी नींद सो गए थे जिस से बेदारी[55] क़यामत से पहले मुम्किन ही नहीं।

माँ जी ने अपने बाक़ी मान्दा दो बेटों और एक बेटी को सीने से लगा लगा कर तल्क़ीन[56] की, "बच्चा रोना मत। तुम्हारे अब्बा जी जिस आराम से सो रहे थे, उसी आराम से चले गए। अब रोना मत। उनकी रूह को तकलीफ़ पहुँचेगी।"

कहने को तो माँ जी ने कह दिया कि अपने अब्बा की याद में न रोना, वर्ना उनको तकलीफ़ पहुँचेगी लेकिन क्या वो ख़ुद चोरी छिपे उस ख़ाविन्द[57] की याद में न रोई होंगी जिसने बासठ साल की उम्र तक उन्हें एक अल्हड़ दुल्हन समझा और जिस ने गवर्नरी के अलावा और कोई सौतन उसके सर पर ला कर नहीं बिठाई।

जब वो ख़ुद चल दीं तो अपने बच्चों के लिए एक सवालिया निशान छोड़ गईं, जो क़यामत तक उन्हें अक़ीदत के बयाबान में सरगर्दां[58] रखेगा।

अगर माँ जी के नाम पर ख़ैरात की जाए तो ग्यारह पैसे से ज़्यादा हिम्मत नहीं होती, लेकिन मस्जिद का मुल्ला परेशान है कि बिजली का रेट बढ़ गया है और तेल की क़ीमत गिराँ[59] हो गई है।

माँ जी के नाम पर फ़ातिहा दी जाए तो मकई की रोटी और नमक मिर्च की चटनी सामने आती है लेकिन खाने वाला दरवेश कहता है कि फ़ातिहा-

दरूद में पुलाव और ज़र्दे का एहतिमाम लाज़िम है।

माँ जी का नाम आता है तो बे-इख़्तियार रोने को जी चाहता है लेकिन अगर रोया जाए तो डर लगता है कि उनकी रूह को तकलीफ़ न पहुँचे और अगर ज़ब्त किया जाए तो ख़ुदा की क़सम ज़ब्त नहीं होता।

---

1 झुण्ड के झुण्ड 2 सामान्यत: 3 ज़मीन 4 ख़ानदान 5 फ़ासला, दूरी 6 ठहरना 7 आधारित 8 इस्तेमाल 9 सांसारिक वस्तुएँ 10 मौत 11 मरनोपरान्त जीवन 12 पसन्दीदा 13 कभी-कभार 14 चाव 15 इच्छा अथवा कामना पूरी करना 16 उतार-चढ़ाव 17 फ़रिश्ते जैसी प्रवृत्ति 18 दयालु दिखने वाला 19 टुकड़ा 20 निचला 21 खेती-बाड़ी की देखभाल करने वाला 22 पैतृक 23 आँख दुखना 24 परेशानी, यातना 25 सगे-सम्बन्धी 26 लगातार 27 सन्तान 28 फटेहाल 29 पता चलना 30 इरादा 31 व्यस्त 32 अचानक आने वाली मुसीबत 33 आज्ञाकारी 34 भलाई 35 अलग-थलग 36 नियुक्त 37 जान बूझकर 38 अधिकार 39 प्रताप 40 बे-पर्दगी 41 सम्मान 42 खिलाना पिलाना, भोजन से सत्कार 43 ख़ुश-ख़ुश 44 ईर्ष्या 45 कभी न ख़त्म होने वाला 46 शरारत वाली रग 47 ध्यान न देना 48 मंत्रालय का मंत्री 49 परिभाषा 50 राज़ी-ख़ुशी 51 एक के बाद दूसरा 52 मरना 53 पूर्व की तरह 54 ईश्वर का आदेश, मौत 55 जागना 56 नसीहत करना 57 पति 58 चक्कर लगाना 59 अधिक, भारी

दोज़ख़ी

इस्मत चुग़ताई
(1915 - 1991)

जब तक कॉलेज सर पर सवार रहा पढ़ने-लिखने से फ़ुर्सत ही न मिली जो अदब की तरफ़ तवज्जो की जाती और कॉलेज से निकल कर बस दिल में यही बात बैठ गई कि हर चीज़ जो दो साल पहले लिखी गई बोसीदा[1], बद-मज़ाक़ और झूठी है। नया अदब सिर्फ़ आज और कल में मिलेगा। इस नए अदब ने इस क़दर गड़बड़ाया कि न जाने कितनी किताबें सिर्फ़ नाम देख कर ही वाहियात समझ कर फेंक दीं और सबसे ज़्यादा बेकार किताबें जो नज़र आईं वो अज़ीम बेग चुग़ताई की थीं। 'घर की मुर्ग़ी दाल बराबर' वाला मज़मून। घर के हर कोने में उनकी किताबें रुलती फिरतीं। मगर सिवाए अम्माँ और दो-एक पुराने फ़ैशन की भाभियों के किसी ने उठा कर भी न देखीं। यही ख़याल होता भला उनमें होगा ही क्या? ये अदब नहीं फक्कड़, मज़ाक़, पुराने इश्क़ के सड़ियल क़िस्से और जी जलाने वाली बातें होंगी। यानी बे-पढ़े राय क़ायम, मुझे ख़ुद यक़ीन नहीं आया कि मैंने अज़ीम भाई की किताबें क्यों न पढ़ीं। शायद इसमें थोड़ा-सा ग़ुरूर भी शामिल था और ख़ुद-सिताई[2] भी। ये ख़याल होता था ये पुराने हैं हम नए।

एक दिन यूँही लेटे-लेटे उनका एक मज़मून 'यक्का' नज़र आया, मैं और रहीम पढ़ने लगे। न जाने किस धुन में थे कि हँसी आने लगी और इस क़दर आई कि पढ़ना दुश्वार हो गया, हम पढ़ ही रहे थे कि अज़ीम भाई आ गए और अपनी किताब पढ़ते देख कर खिल गए मगर हम जैसे चिढ़ गए और मुँह बनाने लगे, वो होशियार थे, बोले, "लाओ मैं तुम्हें सुनाऊँ।" और ये कह कर दो एक मज़मून जो हमें सुनाए तो सही मानों में हम ज़मीन पर लोटने लगे। सारी बनावट ग़ायब हो गई। एक तो उनके मज़मून और फिर उनकी ज़बानी।

मालूम होता था हँसी की चिंगारियाँ उड़ रही हैं।

जब वो ख़ूब अहमक़[3] बना चुके तो बोले, "तुम लोग तो कहते हो मेरे मज़ामीनों में कुछ नहीं..." और उन्होंने छेड़ा, लो, हमारे मुँह उतरकर ज़रा-ज़रा से निकल आए और बे-तरह चिढ़ गए। झुँझला कर उल्टी-सीधी बातें करने लगे। जी जल गया और फिर उसके बाद और भी उनकी किताबों से नफ़रत हो गई।

मैंने उनके मज़ामीन की उनकी ज़िन्दगी में कभी तारीफ़ न की। हालाँकि वो मेरे मज़मून देख कर ऐसे ख़ुश होते थे कि बयान नहीं। इस क़दर प्यार से तारीफ़ करते थे मगर यहाँ तो उनकी हर बात से चिढ़ने की आदत थी। मैं समझती थी कि वो मेरा मज़ाक़ उड़ाते हैं और ब-ख़ुदा वो शख़्स जब किसी का मज़ाक़ उड़ाता था तो जी चाहता था बच्चों की तरह ज़मीन पर मचल जाएँ और रोएँ। किस क़दर तंज़[4], कैसी कड़वी मुस्कुराहट और कटते हुए जुमले। मैं तो हर वक़्त डरती थी कि मेरा मज़ाक़ उड़ाया और मैंने बद-ज़बानी की।

कभी कहते थे कि "मुझे डर लगता है कि कहीं तुम मुझसे अच्छा न लिखने लगो।" और मैंने सिर्फ़ चन्द मज़ामीन लिखे थे इसलिए जी जलता था कि ये मेरा मज़ाक़ उड़ा रहे हैं।

उनके इन्तिक़ाल[5] के बाद न जाने क्यों मरने वाले की चीज़ें प्यारी हो गईं। उनका एक-एक लफ़्ज़ चुभने लगा और मैंने उम्र में पहली दफ़ा उनकी किताबें दिल लगा कर पढ़ीं। दिल लगा कर पढ़ने की भी ख़ूब रही। गोया दिल लगाने की भी ज़रूरत थी! दिल ख़ुद-ब-ख़ुद खिंचने लगा। ओफ़्फ़ोह, तो ये कुछ लिखा है उनकी रुलने वाली किताबों में। एक-एक लफ़्ज़ पर उनकी तस्वीर आँखों में खिंच जाती और पल भर में वो ग़म और दुख में डूबी हुई मुस्कुराने की कोशिश करती हुई आँखें, वो अन्दोहनाक[6] स्याह घटाओं की तरह मुरझाए हुए चेहरे पर पड़े हुए घने बाल, वो पीली नीलाहट लिए हुए बुलन्द पेशानी, पज़मुर्दा[7] ऊदे होंठ जिनके अन्दर क़ब्ल-अज़-वक़्त[8] तोड़े हुए ना-हमवार[9] दाँत

और लाग़र[10] सूखे-सूखे हाथ और औरतों जैसे नाज़ुक, दवाओं में बसी हुई लम्बी उँगलियों वाले हाथ और फिर उन हाथों पर वरम आ गया था। पतली-पतली खपच्ची जैसी टाँगें जिनके सर पर वरम जैसे सूजे हुए बद-वज़ा[11] पैर जिनके देखने के डर की वज्ह से हम लोग उनके सिरहाने ही की तरफ़ जाया करते थे और सूखे हुए पिंजरे जैसे सीने पर धौंकनी का शुब्हा होता था। कलेजे पर हज़ारों, कपड़ों, बनियानों की तहें और उस सीने में ऐसा फड़कता हुआ चुलबुला दिल! या अल्लाह ये शख़्स क्यों कर हँसता था, मालूम होता था कोई भूत है या जिन्न जो हर ख़ुदाई ताक़त से कुश्ती लड़ रहा है, नहीं मानता मुस्कुराए जाता है। ख़ुदा जब्बार-ओ-क़ह्हार चढ़-चढ़ कर खाँसी और दमा का अज़ाब[12] नाज़िल कर रहा है और ये दिल क़हक़हे नहीं छोड़ता। कौन सा दुनिया-ओ-दीन का दुख था जो क़ुदरत ने बचा रखा था मगर फिर भी न रुला सका। उस दुख में जलन, हँसते नहीं हँसाते रहना, किसी इंसान का काम नहीं। मामूँ कहते थे, "ज़िन्दा लाश।" ख़ुदाया अगर लाशें भी इस क़दर जानदार, बेचैन और फड़कने वाली होती हैं तो फिर दुनिया एक लाश क्यों नहीं बन जाती। मैं एक बहन की हैसियत से नहीं एक औरत बन कर उनकी तरफ़ नज़र उठा कर देखती तो दिल लरज़ उठता था। किस क़दर ढीठ था उनका दिल। उसमें कितनी जान थी। मुँह पर गोश्त नाम को न था। मगर कुछ दिन पहले चेहरे पर वरम आ जाने से चेहरा ख़ूबसूरत हो गया था। कनपटी उभर गई थी। पिचके हुए गाल दबीज़[13] हो गए थे...एक मौत की सी जिला चेहरा पर आई थी और रंगत में कुछ अजीब तिलिस्मी[14] सब्ज़ी सी आ गई थी। जैसे हनूत की हुई ममी, मगर आँखें मालूम होता था किसी बच्चे की शरीर आँखें जो ज़रा सी बात पर नाच उठती थीं और फिर कभी उनमें नौजवान लड़कों की सी शोख़ी जाग उठती थी और यही आँखें कभी दौरे की शिद्दत से घबरा कर चीख़ उठतीं। उनकी साफ़-शफ़्फ़ाफ़ नीली सतह गदली ज़र्द[15] हो जाती और बेकस हाथ लरज़ने लगते। सीना फटने पर आ जाता। दौरा ख़त्म हुआ कि फिर वही

रौशनी, फिर वही रक़्स[16], फिर वही चमक।

अभी चन्द दिन हुए मैंने पहली मर्तबा 'ख़ानम' पढ़ी, हीरो वो ख़ुद नहीं। उनमें इतनी जान ही कब थी मगर वो हीरो उनके तख़य्युल का हीरो है। वो उनके दबे हुए जज़्बात का तख़य्युली मुजस्समा[17] है जैसे एक लंगड़ा ख़्वाबों में नाचता-कूदता, दौड़ता हुआ देखता है ऐसे ही वो मरज़ में गिरफ़्तार निढाल पड़े अपने हम-ज़ाद[18] को शरारतें करता देखते थे। काश, एक दफ़ा और सिर्फ़ एक दफ़ा उनकी 'ख़ानम' उस हीरो को देख लेती।

शायद औरों के लिए 'ख़ानम' कुछ भी नहीं। लेकिन सिवाए लिखने वाले के और बाक़ी सारे कैरेक्टर दुरुस्त और ज़िन्दा हैं भाई साहब, भाई जान, नानी अम्माँ, शेख़ानी, वालिद साहब, भतीजे, भंगी, भिश्ती ये सब के सब हैं और रहेंगे। यही होता था बिलकुल यही और अब भी सब घरों में ऐसा ही होता है। कम-अज़-कम मेरे घर में तो था और एक-एक लफ़्ज़ घर की सच्ची तस्वीर है। जब अज़ीम बेग लिखते थे तो सारा घर और हम उनके लिए ऐक्टिंग किया करते थे। हम हिलते-जुलते खिलौने थे और वो एक नक़्क़ाश[19] जिसने बिलकुल अस्ल की नक़्ल कर दी। जितनी दफ़ा 'ख़ानम' को पढ़ती हूँ यही मालूम होता है कि ख़ानदान का ग्रुप देखती हूँ। वो भाभी जान और ख़ानम झगड़ रही हैं। वो भाई साहब शरारतें ईजाद[20] कर रहे हैं और मुसन्निफ़ ख़ुद सर झुकाए ख़ामोश तस्वीर-कशी[21] में मशग़ूल है।

'खुरपा बहादुर' जिसका पहला टुकड़ा 'रूह-ए-लताफ़त' में छुपा है। ये सब तख़य्युली है। लाचार-ओ-मजबूर इंसान अपने हम-ज़ाद से दुनिया जहान की शरारतें करवा लेता है। वो ख़ुद तो दो क़दम नहीं चल सकता। लेकिन हम-ज़ाद चोरियाँ करता, शरारतें करता है। ख़ुद तो एक उँगली का बोझ नहीं सहार सकता, मगर हम-ज़ाद जी भर कर मार खाता है और टस से मस नहीं होता। मुसन्निफ़[22] को अरमान था कि काश, वो भी उतना मज़बूत होता कि दूसरे भाइयों की तरह डेढ़-डेढ़ सौ जूते खा कर कमर झाड़ कर उठ खड़ा

होता। तन्दुरुस्त लोग क्या जानें एक बीमार के दिल में क्या-क्या अरमान होते हैं। पर कटा परिन्दा वैसे नहीं तो ख़्वाबों में तो दुनिया भर की सैर कर आता है। यही हाल उनका था। वो जो कुछ न थे अफ़साने में वही बन कर दिल की आग बुझा लेते थे। कुछ तो चाहिए ना जीने के लिए।

शुरू ही से रोते-धोते पैदा हुए। रुई के गालों पर रखकर पाले गए। कमज़ोर देख कर हर एक मुआफ़ कर देता। क़वी-हैकल[23] भाई सर झुका कर पिट लेते। कुछ भी करें वालिद साहब कमज़ोर जानकर मुआफ़ कर देते। हर एक दिलजूई में लगा रहता। मगर बीमार को बीमार कहो तो उसे ख़ुशी कब होगी? इन मेहरबानियों से एहसास-ए-कमज़ोरी और बढ़ता। बग़ावत और बढ़ती। ग़ुस्सा बढ़ता मगर बेबस, सबने उनके साथ गाँधी जी वाली नॉन-वॉयलेंस शुरू कर दी थी। वो चाहते थे कोई तो उन्हें भी इंसान समझे। उन्हें भी कोई डाँटे उन्हें भी कोई ज़िन्दा लोगों में शुमार करे। लिहाज़ा एक तरकीब निकाली और वो ये कि फ़सादी बन गए। जहाँ चाहा दो आदमियों को लड़ा दिया। अल्लाह ने दिमाग़ दिया था और फिर उसके साथ बला का तख़य्युल और तेज़ ज़बान, चटख़ारे ले-ले कर कुछ ऐसी तरकीबें चलाते कि झगड़ा ज़रूर होता। बहन-भाई, माँ-बाप सबको नफ़रत हो गई। अच्छा-ख़ासा घर मैदान-ए-जंग बन गया और सब मुसीबतों के ज़िम्मेदार ख़ुद, बस सारी ख़ुद-परस्ती[24] के जज़्बात मुत्मइन हो गए और कमज़ोर-ओ-लाचार, हर दम का रोगी, थिएटर का विलेन हीरो बन गया, और क्या चाहिए? सारी कमज़ोरियाँ हथियार बन गईं, ज़बान बद से बदतर हो गई। दुनिया में हर कोई नफ़रत करने लगा। सूरत से जी मतलाने लगा। हँसते-बोलते लोगों को दम भर में दुश्मन बना लेना बाएँ हाथ का काम हो गया।

लेकिन मक़सद तो ये न था कि वाक़ई दुनिया उन्हें छोड़ दे। घर वालों ने जितना उनसे खिचना शुरू किया उतना ही वो लिपटे। आख़िर में ख़ुदा मुआफ़ करे, उनकी सूरत देख कर नफ़रत आती थी। वो लाख कहते मगर दुश्मन नज़र

आते थे। बीवी शौहर न समझती बच्चे बाप न समझते, बहन ने कह दिया तुम मेरे भाई नहीं और भाई आवाज़ सुन कर नफ़रत से मुँह मोड़ लेते। माँ कहती, "साँप जना था मैंने।"

मरने से पहले क़ाबिल-ए-रहम[25] हालत थी, बहन हो कर नहीं इंसान बन कर कहती हूँ जी चाहता था कि जल्दी से मर चुकें। आँखों में दम है मगर दिल दुखाने से नहीं चूकते। अज़ाब-ए-दोज़ख़[26] बन गए। हज़ारों कहानियों और अफ़सानों का हीरो एक विलेन बन कर मुत्मइन हो चुका था। वो चाहता था अब भय्या से कोई प्यार करे, बीवी पूजा करे, बच्चे मुहब्बत से देखें, बहनें वारी जाएँ और माँ कलेजे से लगाए।

माँ ने तो वाक़ई कलेजे से लगा लिया। भूला-भटका रास्ते पर आने लगा। आख़िर को माँ थी। मगर औरों के दिल से नफ़रत न गई। यहाँ तक कि फेफड़े ख़त्म हो गए। वरम बढ़ गया। आँखें चुंधिया गईं और अन्धों की तरह टटोलने पर भी रास्ता न मिला। हीरो बन कर भी हार उनकी ही रही। जो चाहा न मिला। उसके बदले नफ़रत, हक़ारत[27], कराहत[28] मिली, इंसान किस क़दर पुर-हवस होता है। इतनी शोहरत और नाम होने के बावजूद हक़ारत की ठोकरें खा कर जान दी। सुब्ह चार बजे, आज से 42 बरस पहले जो नन्हा सा कमज़ोर बच्चा पैदा हुआ था, वो ज़िन्दगी का नाटक खेल चुका था। 20 अगस्त को सुब्ह शमीम ने आकर कहा, "मुन्ने भाई ख़त्म हो रहे हैं उठो।"

"वह कभी ख़त्म न होंगे, बेकार मुझे जगा रहे हो।" मैंने बिगड़ कर सुब्ह की ठण्डी हवा में फिर सो जाने का इरादा किया।

"अरे कम्बख़्त, तुझे याद कर रहे हैं।" शमीम ने कुछ परेशान हो कर हिलाया।

"उनसे कह दो अब हश्र के दिन मिलेंगे... अरे शमीम वो कभी नहीं मर सकते।" मैंने वसूक़[29] से कहा।

मगर जब मैं नीचे आई तो उनकी ज़बान बन्द हो चुकी थी। कमरा सामान से ख़ाली कर दिया गया था। सारा कूड़ा करकट, किताबें हटा दी गई थीं। दवा की बोतलें, लाचारी की तस्वीर बनी लुढ़क रही थीं। दो नन्हे बच्चे परेशान हो हो कर दरवाज़े को तक रहे थे। भाभी उन्हें ज़बरदस्ती चाय पिला रही थीं। माँ पलंग की चादर बदल रही थीं। सूखी-सूखी आहें उनके कलेजे से निकल रही थीं। आँसू बन्द थे।

'मुन्ने भाई' मैंने उन पर झुक कर कहा। एक लम्हा को आँखें अपने महवर[30] पर रुकीं, होंठ सिकुड़े और फिर वही नज़ा[31] की हालत तारी हो गई। हम सब बाहर बैठ कर चार घण्टे तक सूखे बेजान हाथों की जंग देखते रहे। मालूम होता था इज़राईल भी पस्त हो रहे हैं। जंग थी कि ख़त्म ही न होती थी।

"ख़त्म हो गए मुन्ने भाई।" न जाने किस ने कहा।

"वो कभी ख़त्म नहीं हो सकते।" मुझे ख़याल आया।

और आज मैं उनकी किताबें देख कर कहती हूँ, ना-मुमकिन, वो कभी नहीं मर सकते। उनकी जंग अब भी जारी है, मरने से क्या होता है मेरे लिए तो वो मर कर ही जिए और न जाने कितनों के लिए वो मरने के बाद पैदा होंगे और बराबर पैदा होते रहेंगे। उनका पैग़ाम "दुख से लड़ो, नफ़रत से लड़ो, और मर कर भी लड़ते रहो।" ये कभी न मर सकेगा। उनकी बाग़ियाना रुह को कोई नहीं मार सकता। वो नेक नहीं थे। पारसा[32] न होते अगर उनकी सेहत अच्छी होती। वो झूठे थे। उनकी ज़िन्दगी झूठी थी। सबसे बड़ा झूठ थी। उनका रोना झूठा, हँसना झूठा, लोग कहते हैं माँ-बाप को दुख दिया, बीवी को दुख दिया, बच्चों को दुख दिया, और सारे जग को दुख दिया। वो एक इफ़रीत[33] थे जो अज़ाब-ए-दुनिया बन कर नाज़िल हुए और अब दोज़ख़ के सिवा उनका कहीं ठिकाना नहीं। अगर दोज़ख़ ऐसे लोगों का ठिकाना है तो एक बार ज़रूर दोज़ख़ में जाना पड़ेगा। सिर्फ़ ये देखने कि जिस शख़्स ने दुनिया की दोज़ख़ में यूँ हँस-हँस कर तीर खाए और तीर-अन्दाज़ों को कड़वे तेल में तला वो

दोज़ख़ में अज़ाब नाज़िल करने वालों को क्या कुछ न चिढ़ा-चिढ़ा कर हँस रहा होगा। बस, मैं वो तल्ख़ तंज़ भरी हँसी देखना चाहती हूँ जिसे देख कर दोज़ख़ का दारोग़ा भी जल उठता होगा।

मुझे यक़ीन है वो अब भी हँस रहा होगा। कीड़े उसकी खाल को खा रहे होंगे। हड्डियाँ मिट्टी में मिल रही होंगी। मुल्लाओं के फ़तवों से उसकी गर्दन दब रही होगी। आरों से उसका जिस्म चीरा जा रहा होगा मगर वो हँस रहा होगा। आँखें शरारत से नाच रही होंगी। नीले मुर्दा होंठ तल्ख़ी से हिल रहे होंगे। मगर कोई उसे रुला नहीं सकता।

वो शख़्स जिसके फेफड़ों में नासूर, टाँगें अर्सा से अकड़ी हुई। बाहें इंजेक्शनों से गुदी हुई, कूल्हे में अमरूद बराबर फोड़ा, आख़िरी दम और च्यूँटियाँ जिस्म में लगना शुरू हो गईं। क्या हँस कर कहता है "ये च्यूँटी साहिबा भी किस क़दर बेसब्र हैं। यानी क़ब्ल-अज़-वक़्त अपना हिस्सा लेने आन पहुँचीं।" ये मरने से दो दिन पहले कहा। दिल चाहिए, पत्थर का कलेजा हो मरते वक़्त जुमले कसने के लिए।

उनका एक जुमला हो तो लिखा जाए। एक लफ़्ज़ हो जो याद आए। पूरी की पूरी किताबें ऐसे-ऐसे चुटकुलों से भरी पड़ी हैं, दिमाग़ था कि इंजन, बिना आग-पानी के हर वक़्त चलता रहता था और ज़बान की क़ैंची इस क़दर नपे-तुले जुमले निकालती थी कि जम कर रह जाते थे।

नए लिखने वालों के आगे उनकी गाड़ी नहीं चली। दुनिया बदल गई है ख़यालात बदल गए हैं हम लोग बद-ज़ुबान हैं और मुँहफट। हमारा दिल दुखता है तो रो देते हैं, सरमायादारी, सोशलिज़्म और बेकारी ने हम लोगों को झुलसा दिया है। हम जो कुछ लिखते हैं दाँत पीस-पीस कर लिखते हैं। अपने पोशीदा दुखों, कुचले हुए जज़्बात को ज़हर बना कर उगलते हैं। वो भी दुखी थे। नादार, बीमार और मुफ़्लिस[34] थे। सरमायादारी[35] से आजिज़[36], मगर फिर भी इतनी हिम्मत थी कि ज़िन्दगी का मुँह चिढ़ा देते थे। दुख में ठट्ठा लगा

लेते थे। वो अफ़सानों ही में नहीं हँसते थे ज़िन्दगी के हर मुआमले में दुख को हँसकर नीचा कर देते थे।

बातों के इस क़दर शौक़ीन कि दुनिया का कोई इंसान हो उससे दोस्ती, 'खुरपा बहादुर' में जो 'शाह लंकरान' के हालात हैं वो एक मीरासन से मालूम हुए। उससे ऐसी दोस्ती थी कि बस बैठे हैं और घण्टों बकवास हो रही है। लोग मुतहय्यर[37] हैं कि या अल्लाह ये बुढ़िया मीरासन से क्या बातें हो रही हैं। मगर जो कुछ उन्होंने लिखा है उसी मीरासन ने बताया है।

और तो और भंगन, भिश्तन, राह चलतों को रोक कर बातें करते थे। यहाँ तक कि कुछ दिन हस्पताल में रहे, वहाँ रात को जब ख़ामोशी हो जाती आप चुपके से सारे मरीज़ों को समेट कर गप्पें उड़ाया करते। हज़ारों क़िस्से सुनते और सुनाते, वही क़िस्से 'सवाना की रूहें', 'महारानी का ख़्वाब', 'चमकी' और 'यरेड़े' बन गए। वो हर चीज़ ज़िन्दगी से लेते थे और ज़िन्दगी में कितने झूठ हैं। यही बात है कि उनकी कहानियों में बहुत सी, बईद-अज़-क़ियास[38] मालूम होती हैं। चूँकि उनका शायराना तख़य्युल हर बात को यक़ीन करता था।

उनकी नॉविलें बाज़ जगह वाहियात हैं। फ़ुज़ूल-सी, ख़ुसूसन 'कोलतार' तो बिलकुल रद्दी है, मगर उसमें भी हक़ीक़त को असली रंग में गड़-बड़ कर के लिख दिया है। 'शरीर बीवी' तो बिलकुल फ़ुज़ूल है मगर अपने ज़माने में बड़ी चलती हुई चीज़ थी।

'चमकी' एक दहकता हुआ शोला है, यक़ीन नहीं आता कि इस क़दर सूखा-मारा इंसान जिसने अपनी बीवी के अलावा किसी की तरफ़ आँख उठा कर न देखा, तख़य्युल में किस क़दर अय्याश बन जाता है। ओफ़्फ़ोह, वो 'चमकी' की ख़ामोश निगाहों के पैग़ाम। वो हीरो का उनकी हरकतों से मसहूर[39] हो जाना और फिर ख़ुद मुसन्निफ़ की ज़िन्दगी। किस क़दर मुकम्मल झूठ। ये अज़ीम भाई नहीं उनका हम-ज़ाद होता था जो उनके जिस्म से दूर हो कर हुस्न-ओ-इश्क़ की अय्याशियाँ कराता है। अज़ीम भाई की मक़बूलियत यूँ

भी मौजूदा अदब में यानी बिलकुल नए अदब में न थी कि वो खुली बातें न लिखते थे। वो औरत का हुस्न देखते थे मगर उसका जिस्म बहुत कम देखते थे। जिस्म की बनावट की दास्तानें पुरानी मसनवियों गुल-बकावली, ज़हूर-ए-इश्क़ वग़ैरा में बहुत नुमायाँ थीं और फिर उन्हें पुरानी कह दिया गया। लेकिन अब ये फ़ैशन निकला है कि वही पुराना सीने का उतार-चढ़ाव, पिण्डलियों की गाउदी, रानों का गुदाज़ नया अदब बन गया है वो उसे उर्यानी[40] समझते थे और उर्यानी से डरते थे। गो जज़्बात की उर्यानी उनके यहाँ आम है और बहुत ग़लीज़[41] बातें भी लिखने में नहीं झिझकते थे। वो औरत के जज़्बात तो उर्यां[42] देखते थे मगर ख़ुद उसे कपड़े पहने देखते थे वो ज़्यादा बे-तकल्लुफ़ी से मुझसे बात नहीं करते थे और बहुत बच्चा समझते थे, कभी किसी जिंसी मसले पर तो वो किसी से बहस करते ही न थे। एक दोस्त से सिर्फ़ इतना कहा कि "नए अदीब बड़े जोशीले हैं लेकिन भूखे हैं और ऊपर से उन पर जिंसी असर बहुत है, जो कुछ लिखते हैं 'अमाँ खाना' मालूम होता है", ये भी कहा करते थे कि "हिन्दुस्तानी अदब में हर ज़माने में जिंस बहुत नुमायाँ रहती है यहाँ के लोग जिंस से बहुत मुतास्सिर हैं। हमारी शायरी, मुसव्विरी[43], क़दीम[44] परस्तिश से भी जिंसी भूख का पता चलता है। अगर ज़रा देर इश्क़-ओ-मुहब्बत को भूल जाएँ तो मक़बूल-ए-आम नहीं रह सकते। यही वज्ह है कि बहुत जल्द अदब में उनका रंग ग़ायब हो कर वही 'अल्फ़ लैला' का रंग ग़ालिब आ गया।

उन्हें हिजाब इम्तियाज़ अली से ख़ास लगाव था। (मैं मुहतरमा से मुआफ़ी माँग कर कहूँगी कि मरने वाले का राज़ है) कहा करते थे, "ये औरत बहुत प्यारे झूठ बोलती है।" उन्हें शिकायत थी कि मैं बहुत उल्टे- सीधे झूठ बोलती हूँ। मेरे झूठ भूखे की पुकार हैं! और उनके झूठ भूखे की मुस्कुराहटें। अल्लाह जाने उनका क्या मतलब होता था।

हम उनके अफ़सानों को उमूमन झूठ कहा करते थे। जहाँ उन्होंने कोई बात शुरू की और वालिद साहब मरहूम हँसे, फिर 'क़स्र-ए-सहरा' लिखने

लगे। वो उनकी गपों को 'क़स्र-ए-सहरा'[45] कहते थे। अज़ीम भाई कहते, "सरकार दुनिया में झूठ बग़ैर कोई रंगीनी नहीं! बात को दिलचस्प बनाना चाहो तो झूठ उसमें मिला दो।"

वो ये भी कहते कि "जन्नत और दोज़ख़ का बयान भी तो 'क़स्र-ए-सहरा' है।"

इस पर मामूँ कहते, "अरे ज़िन्दा लाश को मना करो ये कुफ्र है।" इस पर वो मामूँ के तवह्हुम-परस्त[46] ससुराल वालों का तमस्ख़ुर उड़ाते थे।

उन्हें पीरी-मुरीदी ढोंग मालूम होता था। लेकिन कहते थे "दुनिया का हर ढोंग एक मज़ेदार झूठ है और झूठ ही मज़ेदार है।"

कहते थे "मेरी सेहत इजाज़त देती तो मैं अपने बाप की क़ब्र पुजवा देता। बस दो साल क़व्वाली करा देता और चादर चढ़ाता। मज़े से आदमनी होती।"

उन्हें धोखेबाज़ और मक्कार आदमी से मिल कर बड़ी ख़ुशी होती थी। कहते थे, "धोखा और मक्कारी मज़ाक़ नहीं अक़्ल चाहिए इन चीज़ों के लिए।"

उन्हें नाच-गाने से बड़ा शौक़ था मगर किस नाच से? ये जो फ़क़ीर बच्चे आते हैं उनका उमूमन पैसे दे कर ढोल में नाचते हुए फ़क़ीरों को इस शौक़ से देखा करते थे कि उनका इंहिमाक[47] देख कर रश्क आता था। न जाने उन्हें उस नंगे-भूखे नाच में क्या कुछ नज़र आता था।

मैंने उन्हें कभी नमाज़ पढ़ते न देखा । क़ुरआन शरीफ़ लेट कर पढ़ते थे और बे-अदबी से, इसके साथ-साथ सो जाते थे। लोगों ने मलामत की तो उस पर काग़ज़ चढ़ा कर कह दिया करते थे कुछ नहीं क़ानूनी किताब है। झूठ तो ख़ूब निभाते थे।

हदीस बहुत पढ़ते थे और लोगों से बहस करने के लिए अजीब-अजीब हदीसें ढूँढ कर हिफ़्ज़ कर लेते थे और सुना कर लड़ा करते थे। उनकी हदीसों

से लोग बड़े आजिज़ थे। क़ुरआन की आयात भी याद थीं और बे-तकान हवाला देते थे। शक करो तो सिरहाने से क़ुरआन निकाल कर दिखा देते थे।

यज़ीद के बड़े मद्दाह[48] थे और इमाम हुसैन अ. की शान में बकवास किया करते थे। लोगों से घण्टों बहस होती थी। कहते थे "मैंने ख़्वाब में देखा कि हज़रत इमाम हुसैन अ. खड़े हैं, उधर से यज़ीद लईन आया, आपके पैर पकड़ लिए, गिड़गिड़ाया, हाथ जोड़े तो आपका ख़ून जोश मारने लगा और उसे उठा कर सीने से लगा लिया। बस मैंने भी उस दिन से यज़ीद की इज़्ज़त शुरू कर दी। जन्नत में तो उनका मिलाप भी हो गया, फिर हम क्यों लड़ें।"

सियासत से कम दिलचस्पी थी। कहते थे, "बाबा हम लीडर बन नहीं सकते तो फिर क्या कहें, लोग कहेंगे तुम ही कुछ कर के दिखाओ और यहाँ कमबख़्त खाँसी और दमा नहीं छोड़ता।" बहुत साल हुए कुछ मज़ामीन 'रियासत' में सियासियात और इकोनॉमिक्स पर लिखे थे वो न जाने क्या हुए। मज़हब का जुनून सा था।

मगर आख़िर में बहस कम कर दी थी और कहते थे, "भई तुम लोग तो हट्टे-कट्टे हो और मैं मरने वाला हूँ और जो कहीं दोज़ख़-जन्नत सब निकल आएँ तो क्या करूँगा। लिहाज़ा चुप ही रहो।" पर्दे के ख़िलाफ़ तो कभी से थे मगर आख़िर में कहते थे, "ये पुरानी बात हो गई अब पर्दा रोके नहीं रुक सकता। इस मुआमले में हम कर चुके। अब तो नई परेशानियाँ हैं।" लोग कहते थे दोज़ख़ में जाओगे, तो फ़रमाते, "यहाँ कौन सी अल्लाह मियाँ ने जन्नत दे दी जो वहाँ दोज़ख़ की धमकियाँ हैं। कुछ परवाह नहीं हम तो आदी हैं। अल्लाह मियाँ अगर हमें दोज़ख़ में जलाएँगे तो उनकी लकड़ी और कोयला बेकार जाएगा। क्योंकि हम तो हर अज़ाब[49] के आदी हैं।" कभी कहते, "अगर दोज़ख़ में रहे तो हमारे जरासीम[50] तो मर जाएँगे। जन्नत में तो हम सारे मौलवियों को दिक़[51] में लपेट लेंगे।"

यही वज्ह है कि सब उन्हें बाग़ी और दोज़ख़ी कहते हैं। वो कहीं पर

भी जाएँ। मैं ये देखना चाहती हूँ क्या वहाँ भी उनकी वही क़ैंची जैसी ज़बान चल रही है? क्या वहाँ वो हूरों से इश्क़ लड़ा रहे हैं या दोज़ख़ के फ़रिश्तों को जिला कर मुस्कुरा रहे हैं? मौलवियों से उलझ रहे हैं या दोज़ख़ के भड़कते शोलों में उनकी खाँसी गूँज रही है? फेफड़े फूल रहे हैं और फ़रिश्ते उनके इंजेक्शन घोंप रहे हैं। फ़र्क़ ही क्या एक दोज़ख़ से दूसरी दोज़ख़ में। 'दोज़ख़ी' का क्या ठिकाना?

---

1 फटा-पुराना 2 अपनी प्रशंसा आप करना 3 बेवक़ूफ़ 4 व्यंग्य, फब्ती 5 मृत्यु 6 शोकपूर्ण 7 उदास 8 समय से पहले 9 उबड़-खाबड़ 10 कमज़ोर 11 बेडोल 12 प्रकोप 13 मोटा 14 जादुई 15 गहरा पीला 16 नृत्य 17 ख़याली मूरत 18 सहजात 19 मूर्तिकार, चित्रकार 20 आविष्कार 21 चित्र बनाना 22 लेखक 23 हट्टा-कट्टा 24 अपने को ही सब कुछ समझने वाला 25 दयनीय 26 नरक का प्रकोप 27 घृणा 28 उदासीनता 29 यक़ीन 30 धुरी 31 जान निकलने का समय अथवा हालत 32 संयमी 33 भूत-प्रेत 34 ग़रीब 35 पूँजीवाद 36 परेशान 37 चकित 38 अनुमान से परे 39 मंत्रमुग्ध 40 नग्नता 41 गन्दा / गन्दी 42 नग्न 43 चित्रकारी 44 पुराना 45 वीराने में मकान 46 अंधविश्वासी 47 लीनता 48 प्रशंसक 49 प्रकोप 50 कीटाणु 51 दमा

ख़्वाजा अहमद अब्बास

राजिंदर सिंह बेदी
(1915 - 1984)

ख़्वाजा अहमद अब्बास मेरे दोस्त नहीं। इन मानों में जिनमें कि दोस्त होता है और मेरे ख़याल में उसे होना चाहिए। मुझे इस बात का अफ़सोस है कि मैंने हमेशा उन्हें अपना बुज़ुर्ग और पेश-रौ[1] माना और यूँ एहतिराम करते हुए टाल दिया। कुछ इसी क़िस्म का सुलूक उन्होंने भी मेरे साथ किया। अदबी सिलसिले में बारहा मेरी पीठ ठोंकी, तहरीरी तौर पर मुझे तस्लीम किया और उसके बाद टकसाल बाहर कर दिया। हाल ही की बात है जब कि मैंने उन्हें अपने हाँ आने की दावत दी तो बिला-तकल्लुफ़ उन्होंने मुझसे पूछा, "तुम रहते कहाँ हो?"

अब्बास साहब की हमदमी[2] का शरफ़[3] भी मुझे हासिल नहीं हुआ, जिसमें मेरा क़ुसूर है तो उनका भी। मेरे ख़याल में उन्होंने मेरी तरह दोस्तों का इन्तिख़ाब इम्तियाज़ी नज़रिये से नहीं किया। एक वाज़ेह इरादे से किसी सही आदमी को तो क़रीब लाने की कोशिश नहीं की। जी हाँ सही आदमी के सिलसिले में अगर मेरा इशारा ख़ुद अपनी तरफ़ है तो चन्द दूसरे लोगों की तरफ़ भी जो नक़्द-ओ-नज़र[4] से अब्बास साहब की बेहतरी का सामान कर सकते थे और ख़ुद भी उनसे सीख सकते थे। जो भी उनके पास आया, उन्होंने आने दिया। यही नहीं। जो उनके पास से गया उसे जाने भी दिया। पास आने वालों में कुछ तो पहले ही पीर-ए-मुग़ाँ[5] थे और अगर नहीं थे तो अब्बास साहब के हुस्न-ए-सुलूक[6] ने हमेशा के लिए उन्हें बना दिया... और जाने वालों का तो ज़िक्र ही क्या?

इस मुअद्दब-फ़ासले[7] के बावजूद मैं कह सकता हूँ कि कम-अज़-कम मुझे उनकी हम-मशरबी का फ़ख़्र हासिल है जिससे हमदमी और दोस्ती कहीं

दूर की बात नहीं। फिर थोड़ा जानने वाले में इतना इंकिसार[8] तो होता है कि वो किसी को जानने का हतमी दावा नहीं करता। बर-ख़िलाफ़ इसके हमेशा साथ रहने वाला इस सिलसिले में बड़ी बौंगी बातें करता है जिनसे पता चलता है कि जो आदमी जितना क़रीब होता है, उतना ही दूर भी।

ज़िन्दगी में कम ही आदमी आपने ऐसे देखे होंगे जिनकी शक्ल पैदाइश से लेकर आख़िर दम तक एक ही सी रही हो, जिसकी वज्ह से वो बहुत से जराइम[9] नहीं कर सकते। मैंने अब्बास साहब को उनके बचपन में तो नहीं देखा लेकिन अपने फ़िज़ियोलॉजी के महदूद इल्म की बिना पर कह सकता हूँ कि इस वक़्त भी अब्बास साहब अपने उस लाइब्रेरी एडीशन का पेपरबैक होंगे और कुछ नहीं तो पिछले पच्चीस बरस से तो मैं उनका मुँह देख रहा हूँ। जहाँ ज़ेहनी तौर पर उनका क़द बढ़ा है, जिस्मानी तौर पर आप वही के वही रहे हैं। चेहरे पर जिस फ़हम-ओ-फ़िरासत[10] के निशान पहले थे, वही अब भी हैं। वैसे ही निगाह उचट कर सामने वाले पे पड़ती है। वही मूँछों की हल्की सी तहरीर जिसके नीचे पतले से होंठ जो ख़फ़गी या खिसयाने लम्हों में कुछ इस तरह से हिलते हैं कि उन्हें फड़फड़ाना कहा जा सकता है और न भींचना। उनकी हँसी बेसाख़्ता[11] है मगर रेशमी, जिसे इस्तेमाल करते हुए वो एका-एकी रुक जाते हैं। मोतबर[12] आदमी को ज़्यादा हँसना नहीं चाहिए! सर पर के बाल पहले ढाई थे, अब दो रह गए हैं। इसके बावजूद सिखों के ख़िलाफ़ नहीं। बल्कि कई दफ़ा मैंने उन्हें किसी सिख को रश्क की निगाह से देखते हुए पाया है।

लिबास में सादगी है और इस्तिग़ना[13] का फ़न भी। उनकी आम निशस्त-बर्ख़ास्त[14] को देख कर पता चलता है कि ज़िन्दगी में ताकीद तकल्लुफ़ात पर नहीं, कुछ और ज़रूरी बातों पर है, जिसमें अदब, सहाफ़त, फ़िल्म, सियासत और दूसरी बीसियों क़िस्म की समाजी ज़िम्मेदारियाँ शामिल हैं। दुनिया के मौजूदा सियासी निज़ाम में अगर उन्हें इसराइल और जम्हूरियत मुत्तहिदा[15] अरब के दरमियान चुनने का हक़ दिया जाए तो वो यक़ीनन अरब जम्हूरीया

को चुनेंगे। सद्र जमाल अब्दुल नासिर की पैरवी करेंगे लेकिन शक्ल हमेशा इसराइल के बेन-गुरियन से मिलेगी।

मैंने अब्बास साहब को पहली बार लाहौर में देखा जहाँ वो अपने सहाफ़ी[16] दोस्त साठे के साथ कोई फ़िल्म बनाने के सिलसिले में आए थे। ये दोनों दोस्त इंडियन पीपल्ज़ थिएटर की तहरीक का हिस्सा थे, जिसके एक जलसे में, मैं अब्बास साहब को देखने चला गया। उन दिनों लाहौर के लॉरेंस बाग़ में एक नया ओपन एयर थिएटर क़ायम हुआ था जहाँ ख़ूब ही हंगामा था। मालूम होता था कुम्भ नहीं तो अर्ध कुम्भी ज़रूर है। चुनांचे अब्बास साहब को देखने के सिलसिले में मुझे ख़ूब धक्के पड़े। ख़ैर, धक्कों की बात छोड़िए, वो तो ज़िन्दगी का हिस्सा हैं। हम सब धक्के खाते हैं। कभी मिलकर और कभी अलग-अलग। एक बार पहले भी जब लाहौर के ब्रैडलॉ हाल में महाकवी टैगोर को देखने गया था तो इससे भी बुरा सुलूक हुआ। भगदड़ में सैकड़ों पैरों के नीचे दला गया। जब भी मैंने यही सोचा था कि क्या बड़े आदमी को देखने के लिए ख़ुद छोटा होना ज़रूरी है?

उस जलसे में अब्बास साहब एक मुम्ताज़ हैसियत रखते थे। इसलिए नहीं कि बाक़ी के फ़ुज़ूल और बेकार क़िस्म के मर्द थे। उनमें औरतें भी थीं और अब्बास साहब सबसे मिलते और सबसे बातें करते फिर रहे थे, जिसे सहाफ़त की ज़बान में कहा जाता है, "...और वो आज़ादाना मेहमानों में घूमते और उनसे मिलते-जुलते रहे।"

ऐसा मालूम होता था अब्बास साहब किसी का दिल तोड़ना नहीं चाहते। ऐसा करेंगे तो उनका अपना दिल टूट जाएगा। इस अमल में उन्हें कितना ही बोलना, कितना ही वक़्त ज़ाए करना पड़ा। वो इस बात को भूल ही गए और आज तक बिल-उमूम भूले हुए हैं कि जब तक वो किसी का दिल नहीं तोड़ेंगे, बात कैसे बनेगी? (दिल 'ब-दस्त आवर' कि हज्ज-ए-अकबर अस्त!)[17]

जब अब्बास साहब के चेहरे पर ऐसी ही तमानियत[18] बरसती थी, जिससे

पता चलता था कि बाद में वो 'आज़ाद क़लम' हो जाएँगे और फिल्मों में रहे तो 'आज़ाद फ़िल्म।' एक नुक़्ता और भी कम। उनके चेहरे पर सबसे ऊपर अक़ील और आज़ाद-रवी के नुक़ूश थे। उससे नीचे पी.सी. जोशी की पार्टी लाइन और सबसे नीचे महात्मा गांधी की 'तलाश-ए-हक़' पूरी की पूरी, जो छटपटा कर सबसे ऊपर चली आई थी।

उसी दिन मुझ पर इस बात का इंकिशाफ़ हुआ कि किसी आदमी की बड़ाई से बचने के लिए उससे ज़ाती तौर पर मिल लेना ज़रूरी है। उसे छूकर देखना ला-बुदी है, चाहे वो हाथ मिलाने की सूरत ही में क्यों न हो। इस अमल में इस बात का यक़ीन हो जाता है कि वो भी हमारी ही तरह का इंसान है। सिर्फ़ उसने ज़िन्दगी के ख़ास शोबे में हद से ज़्यादा मेहनत और रियाज़त[19] की है और हमने नहीं की। करें तो ज़ेहनी तौर पर भी हम उनसे हाथ मिला सकते हैं। वर्ना हम अपने ज़हन में ऐसे आदमी को कुछ ऐसे मुआफ़ौक़-उल-फ़ितरत[20] इन्तिसाबात[21] दे देते हैं कि वो ख़्वाह-मख़ाह हमें बामन अवतार सौ-गज़ा मालूम होने लगता है। फिर उसे इंसान की तर्बियत[22] में देख कर, आम इंसानों की सी हरकतें करते पाकर हमारा तिलिस्म टूट जाता है, जिसमें उस बेचारे बड़े आदमी का तो कुछ बिगड़ता नहीं, हमारा अपना क़द पहले से भी छोटा हो जाता है।

अब्बास साहब से मुसाफ़हे के बाद कम-अज़-कम एक बात की तसल्ली तो ज़रूर हुई कि जिस्मानी तौर पर उनका क़द मुझसे बड़ा नहीं। अलबत्ता रंग गोरा है। लेकिन कभी तो अफ़्रीक़ी क़ौमें मेरा हाथ पकड़ कर उठेंगी और गोरों का जुआ उतार फेंकेंगी (चुनांचे आज मेरी पेशीनगोई कितनी पैग़म्बराना साबित हो रही है) रही ज़ेहनी क़द की बात तो वर्ज़िश से वो भी ठीक हो जाएगा।

उन दिनों अब्बास साहब ने अबाबील नाम की एक कहानी लिखी थी जिसका मुझ पर बहुत रोब पड़ा था। लिऐम ओ'फ़्लैहर्टी ने परिन्दों के बारे में कुछ ख़ूबसूरत अफ़साने लिखे थे, लेकिन अब्बास साहब का अफ़साना

'अबाबील' उन पर बीस था। जब मैं डाकख़ाने में बाबू (ब-यक नुक़्ता बेश, याबू शवद!)[23] था और मेरे नज़दीक काउंटर पर मनी ऑर्डर बुक करवाने वाले से लेकर अब्बास साहब तक, सब अंग्रेज़ वायसराए की ऐगज़ीक्यूटिव काउंसिल के मेम्बर थे। चुनांचे मैंने लुक्नत[24] से पटी ज़बान में अफ़साने की तारीफ़ शुरू की। अब्बास साहब ख़ुश तो हुए लेकिन फिर इंकिसार में टाल गए और मेरी कहानियों की बातें करने लगे और मैं भूल ही गया कि अभी मुझे उनकी एक और कहानी 'एक पाओली चावल' की भी तारीफ़ करना है। मैं ख़ुद भी अपने अफ़सानों की बातें करने लगा। मैं किस क़दर गिरा पड़ा हूँगा, कि इंकिसार उन दिनों मेरे लिए बहुत बड़ी इशरत की बात थी, जैसे अब्बास की तारीफ़ मेरे नज़दीक बहाना महज़ थी। अपनी बातें करने के लिए जब मैं अब्बास साहब से मिलकर आया तो मुझे पता चला कि मेरे उस वक़्त जाने-बूझे बग़ैर उन्होंने अपनी अज़मत का कुछ हिस्सा मुझे भी दे दिया है। मैं गोरा नहीं हुआ तो लम्बा ज़रूर हो गया हूँ।

और ये अब्बास साहब में इम्तियाज़ी बात है। अदीबों में (मेरे समेत) कम आदमी आपको ऐसे मिलेंगे जो अपनी बातें कम करेंगे और दूसरों की ज़्यादा एक दूसरा शख़्स जो लोगों को बज़ाहिर 'अना' से मामूर[25] मालूम होता है, वो... उपेन्द्रनाथ अश्क। मैं जब भी इन दोस्तों से मिला हूँ, मुझे पता चला है कि अदब के आसमान पर कोई नया सितारा तुलू[26] हुआ है। ये उसी का तज़्किरा करते हैं, उसकी चीज़ें पढ़ कर सुनाते हैं या पढ़वाते हैं। थोड़ी सी बहस के बाद मान भी जाते हैं कि वो सितारा अभी तुलू होने की कोशिश कर रहा है। लेकिन उसका नतीजा ये निकलता है कि मैं डर, महज़ डर के जज़्बे से इस अदीब की तरफ़ मुतवज्जो होता हूँ। चूँकि डर कोई असबाती[27] जज़्बा नहीं, इसलिए या तो वो अदीब मुझे टॉलस्टॉय और चेख़व (Chekhov) से भी बड़ा मालूम होने लगता है और या फिर अपने से भी छोटा। मेरी तरह के जागीरदाराना ज़ेहन रखने वाले और भी बहुत से अदीब हैं लेकिन एक फ़र्क़

है। मैं अपनी इस कमज़ोरी को जानता हूँ और उसे दूर करने की कोशिश भी करता हूँ लेकिन उनमें से अक्सर जानते हैं, न कोशिश करते हैं। ख़ैर, वक़्त बड़े-बड़ों को ठीक कर देता है और मैं अपने आपसे मायूस नहीं।

ये बात नहीं कि अब्बास साहब और अश्क में अना[28] नहीं। अरे साहब है और बहुत है। लेकिन इसी क़दर जिस क़दर उसे तख़्लीक़ी अमल के लिए होना चाहिए और वहीं जहाँ उसे होना चाहिए, जैसे अक्सर लोगों का सेक्स तमाम-तर सर में होता है और एक मुअज़्ज़ज़ ख़ातून के मुताबिक़... वहाँ नहीं जहाँ उसे होना चाहिए। अब्बास साहब में अना उतनी ही है जिसमें वो अपनी ज़ात को पहचान सकें। दूसरों से अलग, और दूसरों के बीच। ये अलग बात है कि हमारे बहुत से अदीब साथी लिक्खाड़ ही बहुत हैं।

मैंने अब्बास साहब के बहुत से अफ़साने पढ़े जिनमें से कुछ याद हैं और कुछ भूल गया। भूल जाना शुऊर के सिलसिले में राय हो तो हो लेकिन इंसानी दिमाग़ एक कम्प्यूटर नहीं इससे बहुत बुलन्द है जिसकी तफ़्सील या बहस इस मज़मून का हिस्सा नहीं... अब्बास साहब का अफ़साना 'बारह बजे' तो मैं भूल ही नहीं सकता। एक तो इसलिए कि इससे मेरा बराह-ए-रास्त[29] तअल्लुक़ है (अगरचे मैं दाढ़ी काटने और सिगरेट पीने वाला सिख हूँ) दूसरे इसलिए कि ये अफ़साना पंजाब के फ़सादों से मुतअल्लिक़ था जिनमें से मैं भी गुज़रा हुआ हूँ और रेल की छत पर नंगे बदन बैठ कर तक़्सीम के वक़्त हिन्दुस्तान पहुँचा हूँ। इस अफ़साने में अब्बास साहब ने अपने ही तर्ज़ की हिसाबी मुसावात में बराबर के सिख और मुसलमान मारे थे। लेकिन इस पर भी सिखों की तसल्ली न हुई और मुझे अपनी क़ौम से ग़द्दारी करते हुए अब्बास साहब के हक़ में बयान देना पड़ा। आख़िर में अब्बास साहब की जान बच गई। अब, आपने भी अब्बास साहब को पढ़ा है, उनकी फिल्में देखी हैं। आप ही फ़ैसला कीजिए कि मैंने अच्छा किया या बुरा।

जब तक अब्बास इंडियन पीपल्ज़ थिएटर के दूसरे साथियों से मिलकर

हिन्दुस्तानी फ़िल्म का क्लासिक 'धरती के लाल' बना चुके थे, न सिर्फ़ ये कि 'धरती के लाल' पहली हिन्दुस्तानी REALISTIC फ़िल्म थी बल्कि उसने अपने मुल्क के सोए हुए लोगों को झिंझोड़ा और बैरून-ए-मुल्क के बाशिन्दों की तवज्जो इस अलमिए की तरफ़ दिलाई जिसका नाम उस ज़माने का हिन्दुस्तान था। 'आजकल' भी तकमील पा चुकी थी। उसमें भी अब्बास साहब के इन अफ़सानों और नॉविलों की क़िस्म का एक पैग़ाम था जो ताईद[30] की कसरत से पैग़ाम नहीं रह जाता, आदमी को चिढ़ देता है, क्योंकि वो अपने आपको बदसूरत नहीं समझना चाहता। 'अनहोनी' पहली ग़ैर जानिब-दार फ़िल्म थी जो बहुत हद तक कामयाब रही।

तक़्सीम के बाद मैं बम्बई चला आया तो अक्सर अब्बास साहब से मुलाक़ातें हुईं। हमारी तरक़्क़ी-पसन्द तहरीक उन दिनों शबाब पर थी। अब्बास साहब उसके राहबर थे और राही भी। कभी उन्हें इस तहरीक की ज़्यादती मालूम होती थी और अक्सर कमी। मुझे वो दिन याद है जब कि ग़रीबों और नादारों के हक़ में एक मुबल्लिग़ की हद तक शोर मचाने वाले अब्बास साहब को पार्टी मैंडेट के मुताबिक़[31] तहरीक से आक़[32] कर देने की कोशिशें होने लगीं। तब मैंने पहली मर्तबा अब्बास साहब को इस क़दर ग़ुस्से में देखा जब उनके होंठ भिंच भी रहे थे और फड़फड़ा भी रहे थे। चेहरा लाल हो रहा था और वो तेज़-तेज़ बातें किए जा रहे थे। आवाज़ जो पहले ही खिसियाई हुई थी और खिसिया गई लेकिन पानीपत का होने और अपने आपको पंजाबी कहलवाने के बावजूद अब्बास साहब के मुँह से एक भी गाली न निकली। क्योंकि वो तहज़ीब का तक़ाज़ा न था।

उन दिनों हम 'चोर' का रोल अदा कर रहे थे और देख रहे थे कि जिस तरफ़ पलड़ा भारी हो, झुक जाएँ। कुछ हिम्मत और शख़्सियत की कमी और कुछ दिमाग़ी इबताल। बस जो स्टालिन ने कह दिया वो आसमानी सहीफ़ा[33] है। कभी-कभी महसूस भी करते थे कि ये सेल (CELL) क्या बला है?

जिसमें बैठे हुए लोग आलिम-ए-कुल हैं, हमें सुने बग़ैर ही हमारी क़िस्मत का फ़ैसला कर डालते हैं? जिसके सामने सर झुकाना ही पड़ता है वर्ना आप तहरीक से ख़ारिज, हालाँकि आपकी तहरीक का पार्टी से कोई तअल्लुक़ नहीं, कम-अज़-कम बराह-ए-रास्त[34] नहीं। उसपे तुर्फ़ा ये कि ग़लत फ़ैसला करने की सूरत में बच भी निकलते हैं। क्योंकि वो फ़ैसला एक आदमी का नहीं, कई पंचों का होता है और आप तो जानते हैं पंच परमेश्वर होता है। फिर होशियारी का ये आलम कि उन पंचों में एक अदीब क़िस्म का आदमी भी होता है। ऐसा आदमी जो अदब और फ़न और उसके अवाम के लिए मुफ़ीद या ग़ैर-मुफ़ीद होने की सब हदें जानता है और फिर इस क़दर लोच भी है कि बरसों बाद पार्टी लाइन के ग़लत होने पर भी मुआफ़ी माँग सके।

मैं तो अपनी ना-समझी और कमज़ोरी की वज्ह से ख़ाइफ़[35] था लेकिन दूसरे भी ख़ामोश थे, जो मुझसे भी ज़्यादा डरे हुए थे। वो अब्बास साहब के मुँह पर खरी-खरी सुनाते थे और बाद में उसका तज़्किरा कर-कर के ख़ुश होते थे। अपनी हिम्मत पे ख़ुद हैरान। लेकिन अब्बास साहब को उनकी और अपनी तहक़ीक़ की बनिस्बत अपने जज़्बे पर यक़ीन था। इसलिए नहीं कि वो स्टालिन से लेकर कैफ़ी आज़मी तक अपने आपको ज़्यादा क़ाबिल समझते थे, बल्कि इसलिए कि हक़ीक़त पर पहुँचने के लिए उनके पास एक ही कसौटी थी... मुहब्बत... जिसे सही आदमी कभी-कभी ख़ुद भी शक और शुब्हा[36] की नज़र से देखता है और सर्कस के रोप वॉकर की तरह ज़िन्दगी के रस्से पर अपने आपको फ़िक्र और जज़्बात के दरमियान मुतवाज़िन[37] रखने की कोशिश करता है। बहर-हाल अपने आख़िरी तज्ज़िये[38] में वही कसौटी निस्बतन ठीक उतरती है क्योंकि उसके पेश-ए-नज़र अदब और सियासत रियाज़ी के गुंजलक सवाल नहीं रह जाते और न इंसान के सीधे-सादे मसअलों की तौज़ीह-ओ-तफ़्हीम[39] स्टालिन के पर्जेज़ (Purges) की सूरत इख़्तियार कर लेती है और न चाव-माव की तरह हिन्दुस्तान पर हमले की। ताकि रूस

को कान हों... चुनांचे इन सब बातों के बावजूद अब्बास साहब के क़दम अपने रस्ते से न डगमगाए। लेकिन, जब तक, ब-क़ौल शख़्से, बहुत सा पानी हमारे दरियाओं में बह गया था।

हमारे दूसरे बहुत से दोस्तों की तरह अब्बास साहब भी मक़्सदी अदब के क़ाइल हैं। इस सिलसिले में अगर कोई दिल और दिमाग़ को हम-आहंग[40] करके लाया तो नतीजा अच्छा निकला वर्ना महज़ आवाज़ हो कर रह गया, बल्कि शोर... अब्बास साहब के कई अफ़साने और दूसरी तहरीरें ऐसी भी हैं जो मुअस्सर[41] नहीं होतीं और अगर होती हैं तो किरदार के ऐतिबार से सख़्त ख़ारिजी, हंगामी पहलू लिए हुए, जिसके बाइस उनकी गूँज जल्द ही मादूम[42] हो जाती है। लेकिन उनके मक़्सद और दूसरों के मक़्सद में भी फ़र्क़ है। उन्होंने लड़की के सहारे तो एक तरफ़, लकड़ी के सहारे भी इंक़िलाब तक पहुँचने की कोशिश नहीं की और न इस अमल में बहुत सूँ की तरह मुनक़लिब[43] हुए हैं। न उन्होंने ज़बान और जमालियात[44] को अपने मानी पहनाए हैं बल्कि अपने मक़्सद की जुस्तुजू में कुछ यूँ सीधे गए हैं कि इधर-उधर भी नहीं देखा। हालाँकि नज़रों से रास्ते की तज़ईन[45] करते जाना ऐन फ़न है।

उनकी बहुत सी तहरीरें पढ़ कर मुझे यूँ लगा जैसे अब्बास साहब बहुत जल्दी में हैं। उन्हें एक काम थोड़े ही है? सैकड़ों हैं। उनके पास वक़्त नहीं और ज़माना है कि तेज़ से तेज़-तर होता जा रहा है और उसके साथ अपनी रफ़्तार क़ायम रखना एक ख़ालिस साइंसी अमल है। मैं इस बात को फ़लसफ़ियाना सतह पर लाते हुए अर्ज़ करूँगा कि वक़्त को थामना ही पड़ेगा। वर्ना हम कुछ नहीं कर सकते। जैसे हमारे बड़ों ने यकसूई[46] इख़्तियार करके काली भगवान की मार से भी परे चले गए थे, इसी तरह का अमल हमें भी रवा रखना होगा। हम अदीबों का रॉकेट यही है कि जिस पर सवार हो कर मेहर-ओ-माह से भी ऊपर जा सकते हैं... एक दिन आएगा जब कि जदली माद्दियात[47] के दावेदारों को भी मक़सद की तहलील[48] और उसके अन्दरूनी तज़ादात को

ख़ातिर में लाना पड़ेगा।

अब्बास साहब की निजी ज़िन्दगी के बारे में इतना ही जानता हूँ कि उनकी बेगम... मरहूमा भी एक निहायत ही प्यार करने वाली औरत थीं। हम अदीबों से वो भाइयों का सा सुलूक करती थीं। जूहू में मेरा एक कमरा हुआ करता था, जहाँ मैं बैठ कर अपना काम किया करता। अब्बास साहब का घर रास्ते में पड़ता था। कभी उनके हाँ रुकता तो वो बड़ी शिकायत करतीं कि क़रीब से गुज़र जाते हो, आते तक नहीं। उनकी वफ़ात से हमें क़लक़[49] है, तो अब्बास साहब के बारे में आप अन्दाज़ा लगा सकते हैं।

जिंसी ज़िन्दगी के बारे में अब्बास साहब का नज़रिया एक आम, नॉर्मल मुहज़्ज़ब आदमी का नज़रिया है। वो ज़िन्दगी के इस हिस्से को बिलकुल मुनफ़रिद समझते हैं। अंग्रेज़ी क़ौल के मुताबिक़ न तो वो किसी के गन्दे कपड़े पब्लिक में धोते हैं और न अपने धोने देते हैं। मतलब, अगर उनके पास ऐसे कपड़े हैं तो... (ज़रूर होंगे)

एक चीज़ जिसने अब्बास साहब के सिलसिले में मुझे हमेशा वर्ता-ए-हैरत में डाला है, वो है उनके काम करने की हैरत-अंगेज़ ताक़त-ओ-क़ुव्वत। कहानी लिख रहे हैं और नॉवेल भी। क़ौमी या बैन-उल-अक़वामी[50] सतह पर फ़िल्म भी बना रहे हैं और सहाफ़त को भी सँभाले हुए हैं। ब्लिट्ज़ का आख़िरी सफ़्हा तो ब-हरहाल लिखना ही है, लेकिन साथ ही ख़्रश्चेफ़ (Khrushchev) की सवानेह भी हो गई। पण्डित नेहरू से भी मिल आए जिनसे अब्बास साहब के ज़ाती मरासिम हैं। फिर पैंतीस लाख कमेटियों का मेम्बर होना समाजी ज़िम्मेदारी का सबूत है। और ये बात मेम्बरशिप तक ही महदूद नहीं। हर जगह पहुँचेंगे भी तक़रीर भी करेंगे।

पूरे हिन्दुस्तान में मुझे इस क़िस्म के तीन आदमी दिखाई देते हैं... एक पण्डित जवाहर लाल नेहरू, दूसरे बम्बई के डॉक्टर बालेगा और तीसरे ख़्वाजा अहमद अब्बास। जिनकी ये क़ुव्वत और इस्तिदाद[51] एक आम आदमी की

नहीं। चुनांचे जब मैंने एक बार अब्बास साहब के सामने इस हैरत के जज़्बे का इज़हार किया तो उन्होंने मामूल के रस्मी इंकिसार से टाल दिया और बोले, "जभी तो हर बात में पतलापन है" और फिर मुस्कराकर मेरी तरफ़ देखते हुए बोले, "आजकल क्या लिख रहे हो?"

बीच में किसी ने टोक दिया। इसलिए अब्बास साहब ने मेरी आँखें न देखीं जो नमनाक[52] हो गई थीं। उनसे मेरी पहली मुलाक़ात और उस मुलाक़ात में बीस पच्चीस बरस का वक़्फ़ा[53] आ चुका था और मैं अपने बारे में कम बात करना सीख चुका था।

---

1 अग्रगामी, पहले वाला 2 नज़दीकी 3 सौभाग्य 4 जाँच-परख 5 पहुँचा हुआ 6 अच्छा बर्ताव 7 विनम्र 8 नम्रता 9 जुर्म का बहुवचन 10 समझदारी 11 अनायास 12 भरोसेमन्द 13 अनिच्छा 14 मेल-मिलाप 15 संयुक्त 16 पत्रकार 17 किसी का दिल रखना सबसे बड़ा हज है 18 संतोष, सांत्वना 19 मेहनत, परिश्रम 20 अप्राकृतिक 21 समर्पण 22 प्रशिक्षण 23 बाबू में एक नुक़्ता बढ़ गया तो याबू हो गया 24 हकलाना 25 तैनात 26 उगना 27 संवेदनशील 28 अभिमान, अहंकार 29 सीधे तौर से 30 समर्थन 31 अनुसार 32 वंचित, बहिष्कृत 33 आदेश, आसमानी किताब 34 प्रत्यक्ष 35 भयभीत 36 शक 37 सन्तुलित 38 अलग-अलग करना 39 व्याख्या 40 एक साथ, संयुक्त 41 असर वाला 42 ओझल 43 पलटने वाला, अस्त-व्यस्त 44 सौंदर्य शास्त्र 45 सजाना 46 निश्चिंतता, एकांत 47 सांसारिक वस्तु 48 विलयन, किसी चीज़ का घुलना या पिघलना 49 अफ़सोस 50 अन्तर्राष्ट्रीय 51 योग्यता, पात्रता 52 आँसुओं से भीगा हुआ 53 अन्तराल

मीर तक़ी मीर

असलम फ़र्रुख़ी
(1923 - 2016)

अलीमुल्लाह जब क़ाज़ी के हौज़ पर कि गुज़र-गाह[1]-ए-ख़ास-ओ-आम में पहुँचा, तो उस जवान को वहाँ बैठे देख कर ठिठक गया, जिसके चेहरे से मायूसी, आँखों से ग़म, चैन पेशानी[2] से, कुछ ख़िफ़्फ़त[3] कुछ झुँझलाहट, लिबास से अफ़्लास[4], हुलिए से इज़्मेहलाल[5] और तर्ज़-ए-नशिस्त[6] से ला-उबाली अन्दाज़ का इज़्हार हो रहा था। ग़ौर से देखा तो जुनून की सी कैफ़ियत, दीवानगी का तौर, मिस्कीनी और अनानियत[7] दोनों का इम्तिज़ाज[8]। सरापा में जिस जा नज़र कीजिए ये महसूस होता था कि गर्दिश-ए-रोज़गार का मारा हुआ, हालात की बेरहमी का शिकार, एक अफ़सुर्दा[9] दिल नौजवान है कि थक कर सर-ए-राह[10] ठहर गया है। मगर इस अन्दाज़ में भी एक आन पाई जाती है। वैसे तो सारा शाहजहानाबाद ही उन दिनों अफ़सुर्दगी और इज़्मेहलाल का शिकार था मगर जो जवान की अफ़सुर्दगी बुतून[11] से फूटती हुई महसूस होती थी। अलीमुल्लाह लम्हे भर के लिए ठिठका और फिर नौजवान को पहचान गया। वो बड़े अदब से उसकी तरफ़ बढ़ा। सलाम किया और ख़ैरियत दरयाफ़्त की। नौजवान ने उसे ग़ौर से देखा। सलाम का जवाब दिया और फिर पूछा, "भाई तुम मुझे कैसे पहचानते हो।" अलीमुल्लाह ने जवाब दिया, "मीर साहब आपका सौदाइयाना[12] तर्ज़ तो सारे शहर में मशहूर है। आपको कौन नहीं पहचानता। मगर ये सर-ए-राह तशरीफ़ रखने का क्या सबब है। आपका हक़ीक़ी मक़ाम दिल-ए-अहबाब है और आप रह-गुज़र पर बैठे हैं।"

अलीमुल्लाह का इतना कहना था कि मीर साहब की आँखों के सामने हिरमाँ-नसीबी[13] की पूरी तस्वीर अयाँ हो गई। वालिद की बे-बिज़ाअती[14] और दरवेशी, घर का दरवेशाना माहौल, ग्यारह बरस की उम्र में वालिद के

साए से महरूम हो जाना, सौतेले बड़े भाई की बद-सुलूकी और बे-मेहरी, छोटे भाई और बहन की किफ़ालत, फ़िक्र-ए-मआश में दिल्ली का सफ़र, वालिद के एक अक़ीदत-मन्द[15] नवाब समसामुद्दौला की बारगाह से एक रुपया रोज़ वज़ीफ़ा मुक़र्रर होना, हमला-ए-नादिरी[16] में समसामुद्दौला का ज़ख़्मी होना और फिर उनका इन्तिक़ाल, वज़ीफ़ा[17] की बन्दिश, बार-ए-दिगर[18] दिल्ली, सिराजुद्दीन अली ख़ान-ए-आरज़ू के यहाँ क़ियाम, जुनूँ में मुब्तला होना, आरज़ू की शागिर्दी, उनके ईमा से शेर-ओ-शायरी की मश्क़, सौदाइयाना तौर में इज़ाफ़ा, महताब में माहताबी शक्ल का नज़र आना, इश्क़ का वुफ़ूर[19], शोहरत-ए-शायरी का ज़ुहूर[20], दीवानगी का चर्चा, सुख़न वाली का शोहरा[21] फिर आरज़ू की ख़फ़गी और फ़हमाइश[22] कि एक नामवर बुज़ुर्ग और पाबन्द-ए-वज़ा इंसान की हैसियत से ये उनकी ज़िम्मेदारी थी। अपनी बेचारगी का एहसास, नाज़ुक-मिज़ाजी, मआशी[23] उलझन और फिर आज का ताज़ा वाक़िआ कि आरज़ू ने भरे दस्तरख़्वान[24] पर सबकी मौजूदगी में नसीहत शुरू कर दी। नसीहत या फ़ज़ीहत और अपना बर-अफ़रोख़्ता[25] हो कर दस्तरख़्वान से उठ आना और सर-ए-राह बैठ जाना। सारे वाक़िआत यके-बाद-दीगरे आँखों के सामने फिर गए मगर कहते तो क्या,

सब्र भी करिए बला पर 'मीर साहब' जी कभू
जब न तब रोना ही कुढ़ना ये भी कोई ढंग है

अलीमुल्लाह पास ही बैठ गया और अगले दिन ग़मज़दा मीर को क़मरुद्दीन ख़ान के यहाँ ले गया जिनके तवस्सुत[26] से वो मीर रिआयत ख़ान के मुतवस्सिलीन[27] में शामिल हो गए। एक नए दौर का आग़ाज़ हो गया।

मुहम्मद तक़ी मीर कि जिन्हें उर्दू शायरी ख़ुदा-ए-सुख़न के लक़ब[28] से पहचानती है, अकबराबाद में पैदा हुए। दरवेशाना माहौल में आँख खोली। वालिद मुहम्मद अली मुत्तक़ी ख़ुदा-रसीदा[29] बुज़ुर्ग थे। बेटे को यही समझाते थे कि बेटा इश्क़ इख़्तियार करो। यही कायनात का नूर, तख़्लीक़ का वुफ़ूर और

इंसान का शुऊर[30] है। उनके इन्तिक़ाल से मीर के लिए मसाइब-ओ-आलाम[31] के दौर का आग़ाज़ हो गया। जूँ तूँ ज़िन्दगी गुज़ारी। ख़ान-ए-आरज़ू ने ज़ेहनी तर्बियत भी की। शेर-ओ-शायरी की तरफ़ मुतवज्जो भी किया और फ़न के रुमूज़-ओ-निकात[32] भी समझाए। जुनूँ, मीर का ख़ानदानी मरज़ था। उनके एक चचा इसी मरज़ की नज़्र हुए थे। मीर भी उसमें मुब्तला हुए। नौजवानी ही में ज़िन्दगी ने पै-ब-पै ऐसे सबक़ सिखाए कि मीर को ऐतिराफ़ करना पड़ा,

ज़ेर-ए-फ़लक[33] भला तू रोवे है आपको 'मीर'
किस-किस तरह का आलम याँ ख़ाक हो गया है

दौर वो था कि हर चीज़ बे-निशान हुई जा रही थी। क्या अज़ीमुश्शान मुग़लिया सल्तनत। क्या शाहजहानाबाद की रौनक़ और आबादी। क्या उमरा[34] और वुज़रा[35], क्या अह्ल-ए-हिर्फ़ा[36] और क्या लश्करी, सब के सब मादूम[37] हुए जा रहे थे। एक इज़्तिराब[38] था। आलमगीर बेचैनी थी। मआशी बदहाली थी। ऐतिमाद ख़त्म हो गया था। सियासी इन्तिशार[39] था। अफ़ग़ान, मरहटे, जाट, रूहीले सभी पाया-ए-तख़्त को रौंद रहे थे। मीर की हस्सास[40] तबीअत को इस माहौल ने और ज़्यादा हस्सास बना दिया। अन्दरूनी माहौल और बैरूनी[41] फ़िज़ा दोनों ने मीर की ग़म-पसन्दी में इज़ाफ़ा किया। वो सारी ज़िन्दगी इसका इज़हार करते रहे। आरज़ू से अलैहदा हो कर मीर रिआयत ख़ान के मुतवस्सिलीन में शामिल हुए। चार-ओ-नाचार दिन गुज़ारे कि तबीअत की उफ़्ताद[42] से मजबूर और नाज़ुक-मिज़ाजी की वज्ह से ज़ाहिर-बीनों[43] की निगाह में मग़रूर[44] थे। रिआयत ख़ान ने कहा, इस लड़के को अपने चन्द शेर याद करा दीजिए ताकि ये उन्हें साज़ पर गाए। वक़ार-ए-शेर के अलम-बरदार मीर को ये बात बहुत नागवार गुज़री। उस लड़के को कुछ शेर तो लिख कर दे दिए मगर दो-तीन दिन बाद ख़ाना-नशीन[45] हो गए। रिआयत ख़ान ने फिर भी रिआयत बरती कि मीर की जगह उनके छोटे भाई को मुलाज़िम रख लिया। मुलाज़मत में ये तनतना[46] मीर ही के यहाँ था कि तुम अमीर हो तो हम भी मीर

मुल्क-ए-सुख़न हैं। तुमसे किसी तरह कम नहीं।

मुझको दिमाग़-ए-वस्फ़-ए-गुल-ओ-यासमन नहीं
मैं जूँ नसीम बाद-ए-फ़रोश-ए-चमन नहीं

मुख़्तलिफ़ उमरा की मुलाज़मत में रहे। राजा जुगल किशोर, राजा नागरमल, नवाब बहादुर जावेद ख़ान। शेर-ओ-शायरी भी की, सिफ़ारती उमूर भी अंजाम दिए। दरबार-दार भी रहे मगर,

ज़माने ने रक्खा मुझे मुत्तसिल[47]
परागन्दा[48] रोज़ी परागन्दा दिल

अमीरों का हाल कौन सा अच्छा था। जावेद ख़ान क़त्ल हुए, राजा जुगल किशोर मआशी बदहाली का शिकार हुआ। नागरमल से मीर ख़ुद अलैहदा हुए, अजीब अफ़रा-तफ़री का आलम था।

शहाँ कि कुहल-ए-जवाहिर[49] थी ख़ाक-ए-पा[50] जिनकी
उन्हों की आँखों में फिरती सलाइयाँ देखीं

मीर जब तक दिल्ली में रहे शाही दरबार से भी कुछ न कुछ आता रहता था। लेकिन शाही दरबार क्या, एक दरगाह रह गई थी जिसका तकियादार ख़ुद बादशाह था। दिल्ली के साहिबान-ए-कमाल-ए-फ़ज़ाल की इस बे-यक़ीनी से दिल-बर्दाश्ता[51] हो कर शहर छोड़े जा रहे थे। उस्ताद-उल-असातिज़ा[52] सिराजुद्दीन अली ख़ान-ए-आरज़ू लखनऊ चले गए। मिर्ज़ा मुहम्मद रफ़ी सौदा कि सर ख़याल-ए-शोरा-ए-शाहजहानाबाद थे, लखनऊ चले गए। मीर सोज़ भी लखनऊ चले गए, दिल्ली उजड़ रही थी, लखनऊ आबाद हो रहा था कि वहाँ दाख़िली और बैरूनी कशमकश न थी। जान-ओ-माल का तहफ़्फ़ुज़ था, दर-ओ-दीवार से शेर-ओ-नग़मा की आवाज़ें बुलन्द हो रही थीं। आसिफ़ुद्दौला की दाद-ओ-दहिश[53] से घर-घर दौलत की गंगा बह रही थी। नई तराश-ख़राश, नई वज़ा, एक नया तर्ज़-ए-एहसास, एक नया तहज़ीबी

मर्कज़[54] वुजूद में आ चुका था। सौदा का इन्तिक़ाल हुआ तो आसिफ़ुद्दौला को ख़याल हुआ कि अगर मीर लखनऊ आ जाएँ तो लखनऊ की शेरी हैसियत न सिर्फ़ बरक़रार रहेगी बल्कि उसमें इज़ाफ़ा भी होगा। चुनांचे आसिफ़ुद्दौला के ईमा[55] से नवाब सालार जंग ने ज़ाद-ए-राह और तलबी का परवाना भिजवा दिया। मीर लखनऊ के लिए रवाना हो गए। रास्ते में फ़र्रुख़ाबाद के नवाब ने उन्हें सिर्फ़ छः दिन के लिए रोकना चाहा मगर मीर हवा-ए-शौक़[56] में उड़ रहे थे, रुके नहीं। हुस्न-अफ़ज़ा[57] मंज़िल के मुशायरे में "हस्ती अपनी हबाब की सी है, ये नुमाइश सराब की सी है" पढ़ कर आगे बढ़ गए और लखनऊ पहुँचे। ये वाक़िआ 1783 ई. का है, मीर उस वक़्त साठ बरस के हो चुके थे और अब ये राक़िम[58] आसिम कि उर्दू अदब के अलबेले इंशा-पर्दाज़ मौलवी मुहम्मद हुसैन आज़ाद का सवानेह-निगार[59] भी है और ख़ोशाचीं[60] भी, अल्फ़ाज़ के रंग-ओ-आहंग[61] और तख़य्युल की तज्सीम[62] के इस बाकमाल मुसव्विर[63] के निगार-ख़ाने[64] की एक तस्वीर आपकी नज़र करता है और सिलसिला-ए-सुख़न को यूँ रौनक़ देता है कि लखनऊ में पहुँच कर जैसा कि मुसाफ़िरों का दस्तूर है एक सरा में उतरे। मालूम हुआ कि आज यहाँ एक जगह मुशायरा है, रह न सके। उसी वक़्त ग़ज़ल लिखी और मुशायरे में जाकर शामिल हुए। उनकी वज़ा क़दीमाना[65], खिड़कीदार पगड़ी, पचास गज़ के घेर का जामा, एक पूरा थान पिस्तौलिये का कमर से बँधा। एक रूमाल पटरीदार तह किया हुआ उसमें आवेज़ाँ, मशरू का पाजामा जिसके अरज़ के पाईंचे, नागफनी की अनीदार[66] जूती जिसकी डेढ़ बालिश्त ऊँची नोक, कमर में एक तरफ़ सैफ़ यानी सीधी तलवार, दूसरी तरफ़ कटार, हाथ में जरीब, ग़रज़ जब दाख़िल-ए-महफ़िल हुए तो वो शहर लखनऊ नए अन्दाज़, नई तराश, बाँके टेढ़े जवान जमा, उन्हें देख कर सब हँसने लगे। मीर साहब बेचारे ग़रीब-उल-वतन[67], ज़माने के हाथ पहले ही दिल-शिकस्ता[68] थे और भी दिल-ए-तंग हुए और एक तरफ़ बैठ गए। शमा उनके सामने आई तो फिर सबकी नज़र पड़ी

और बाज़ अश्ख़ास ने पूछा, हुज़ूर का वतन कहाँ है। मीर साहब ने ये क़ता फ़िल-बदीह[69] कह कर ग़ज़ल तरही में दाख़िल किया,

क्या बूद-ओ-बाश[70] पूछो हो पूरब के साकिनो
हमको ग़रीब जान के हँस-हँस पुकार के

दिल्ली जो एक शह्र था आलम में इन्तिख़ाब
रहते थे मुन्तख़ब ही जहाँ रोज़गार के

उसको फ़लक ने लूट के वीरान कर दिया
हम रहने वाले हैं उसी उजड़े दयार के

सबको हाल मालूम हुआ। बहुत माज़रत[71] की और मीर साहब से अफ़्व-ए-तक़्सीर[72] चाही, सुब्ह होते-होते शहर में मशहूर हो गया कि मीर साहब तशरीफ़ लाए।

आज़ाद के निगार-ख़ाने का वरक़ ख़त्म हुआ। मीर साहब आसिफ़ुद्दौला के यहाँ हाज़िर हुए। आसिफ़ुद्दौला लुत्फ़-ओ-करम से पेश आए। दो सौ रुपये माहवार वज़ीफ़ा मुक़र्रर हुआ। नवाब बहादुर जावेद ख़ान के यहाँ बाईस रुपये माहवार मिलते थे और मीर साहब ख़ुश थे कि रोज़गार की सूरत बरक़रार है, अब दो सौ मिलते हैं और मीर साहब फ़रियाद करते हैं।

ख़राबा दिल्ली का वो चन्द बेहतर लखनऊ से था
वहीं मैं काश मर जाता सरासीमा[73] न आता याँ

लखनऊ में मीर साहब ने उम्र-ए-अज़ीज़ के इकत्तीस बरस गुज़ारे। दिल्ली में दिल की बर्बादी के नौहे[74] थे, लखनऊ में दिल और दिल्ली दोनों के मर्सिए कहते रहे,

लखनऊ दिल्ली से आया याँ भी रहता है उदास
मीर को सर-गश्तगी[75] ने बेदिल-ओ-हैराँ किया

20 सितंबर 1810 को नव्वे बरस की उम्र में मीर साहब का इन्तिक़ाल

हुआ,

मर्ग-ए-मजनूँ से अक़्ल गुम है 'मीर'
क्या दिवाने ने मौत पाई है

मीर को शेर-ओ-शायरी की जानिब आरज़ू ने माइल किया था। आरज़ू ही की रहनुमाई में मीर ने शायरी की इब्तिदाई मंज़िलें तय कीं वरना ऐन-मुमकिन था कि मीर सारी ज़िन्दगी दीवानापन में गुज़ार देते,

कहता था किसू से कुछ तकता था किसू का मुँह
कल खड़ा था याँ सच है कि दिवाना था

आरज़ू ने मीर की दीवानगी का रुख़ मोड़ कर उसे एक नई जिहत दे दी। एक दिन ख़ान-ए-आरज़ू ने कहा, आज मिर्ज़ा रफ़ी सौदा आए थे। अपना ये मतला बड़े फ़ख़्र[76] के साथ सुना गए,

चमन में सुब्ह जो उस जंग-जू का नाम लिया
सबा ने तेग़ का आब-ए-रवाँ से काम लिया

मीर ने ये सुन कर फ़िल-बदीह कहा,

हमारे आगे तेरा जब किसू ने नाम लिया
दिल-ए-सितम-ज़दा[77] को हमने थाम-थाम लिया

आरज़ू ये मतला सुन कर ख़ुशी से उछल पड़े और कहने लगे, "ख़ुदा नज़र-ए-बद से महफ़ूज़ रखे।" जल्द ही मीर की शायरी का सारे शहर में शोहरा हो गया। शहर भी कोई ऐसा वैसा नहीं, पाया-ए-तख़्त दार-उल-हुकूमत। जहाँ शाह हातिम मौजूद थे। हज़रत मिर्ज़ा मज़हर जान जानाँ मरकज़-ए-रुश्द-ओ-हिदायत[78] थे, यक़ीन, ताबाँ, सौदा, मिर्ज़ा मुहम्मद रफ़ी सौदा। हज़रत ख़्वाजा मीर दर्द कि फ़रमाते थे "मीर तो मीर मजलिस ख़्वाही शुद।" बड़े-बड़े बाकमाल मौजूद थे। उनकी मौजूदगी में कमाल-ए-फ़न का इज़्हार और वो भी इस तरह कि हर शख़्स इस कमाल को पूरी तरह महसूस भी करे

और उसका ऐतिराफ़ भी करे, मीर ही का हिस्सा था। मीर भी वो कि जिनका सौदाइयाना तर्ज़ मशहूर था, जिनकी अनानियत अह्ल-ए-सुख़न को एक आँख न भाती थी, जिनकी दरवेशी में शाही का अन्दाज़ था। जिनका सुख़न ख़ास पसन्द होने के साथ-साथ अवाम के जज़्बात का मज़हर[79] भी था, अह्ल-ए-सुख़न से नोक-झोंक भी होती, छेड़-छाड़ भी चलती रहती। सारा शहर एक तरफ़, मीर तन्हा एक तरफ़, "चाबुक सवाराँ यक तरफ़, मिस्कीन-ए-गदाहा यक तरफ़।"[80] मीर दिल तंग भी होते। एक दफ़ा एक मसनवी लिखी। अज़दर-नामा। अपने आपको अज़दर तसव्वुर किया और दूसरे शोरा को साँप, बिच्छू, चूहा, कनखजूरा वग़ैरा ठहराया और ये दिखाया कि अज़दर ने दम भरा तो सब के सब फ़ना हो गए। ये मसनवी एक मुशायरे में पढ़ी गई। सबने सुनी, सबने इस रास्त-ज़द[81] को महसूस किया। शमा मीर मुहम्मद अमाँ निसार के सामने आई तो एक क़ता पढ़ा कि मक़ता इस क़ते का ये था,

हैदर-ए-कर्रार ने वो ज़ोर बख़्शा है 'निसार'
एक दम में दो करूँ अज़दर[82] के कल्ले चीर कर

निसार ने अज़दर के कल्ले तो ब-इआनत-ए-ज़ोर-ए-हैदरी चीर दिए लेकिन मीर की शोहरत पर लगा कर उड़ती रही और देखते ही देखते मजलिसों में मीर बे-दिमाग़ कहलाने वाले महफ़िल-ए-सुख़न के मस्नद-नशीन[83] हो गए। मस्नद-नशीन और भी थे। मीर तो इतने ऊँचे उड़े, इतने ऊँचे उड़े कि अर्श-ए-सुख़न पर जा पहुँचे और ख़ुदा-ए-सुख़न कहलाए,

रेख़्ता रुतबे को पहुँचाया हुआ उसका है
मोतक़िद[84] कौन नहीं मीर की उस्तादी का

उर्दू शायरी में ख़ुदा-ए-सुख़न एक ही है और वो मोहम्मद तक़ी मीर हैं। वहदत[85] में जिसकी हर्फ़-ए-दुई काम न आ सके। मीर को ये रुतबा कैसे हासिल हुआ, ये बात ग़ौर-तलब है और इसी ग़ौर-ओ-फ़िक्र से हमें अपने सवाल का जवाब मिल जाएगा मगर इस ग़ौर-ओ-फ़िक्र का महवर[86] मीर की

शायरी है और किसी हद तक उनकी शख़्सियत भी है कि दोनों एक दूसरे से मिल-जुल कर तख़्लीक़ की सतह, फिर मानवियत[87] की एक नई दुनिया पेश करते हैं।

मीर तबअन दरवेश थे, मिस्कीन थे, सब्र-ओ-रज़ा[88], तवक्कुल[89] और क़नाअत[90] उनका शिआर[91] था। दुनिया की बे-सबाती[92], इंक़िलाब-ए-ज़माना और नैरंग-ए-दौराँ[93] का तज्रबा उन्हें नौ-उम्री में हो गया था। अपनों को पराया होते हुए देखना, बनी का बिगड़ जाना, ये सब मीर के अलमनाक[94] ज़ाती मुशाहिदात[95] में शामिल था। सियासी इन्तिशार, बद-नज़्मी और अह्ल-ए-कमाल की बे-वक़्अती ने उन्हें और ज़्यादा मुतास्सिर किया। ज़ाती हालात अलम-अंगेज़, मुआशरती हालात ग़म-ख़ेज़। सीना-ओ-दिल हसरतों से छा गया। सच्चा शायर शेर में अपनी बिपता को आफ़ाक़ी[96] सदाक़त के रूप में ढाल कर पेश करता है। मीर ने भी यही किया। उनकी शायरी शख़्सियत और हालात का बेहतरीन इज़हार है और इसके अलावा भी बहुत कुछ है। मीर यास-पसन्द[97] हैं। रोते हैं, आँसू बहाते हैं, मामूली बातों को इस तासीर के साथ पेश करते हैं कि हर सुनने वाला दिल थाम कर रह जाता है। इश्क़ के पर्दे और पैराए में ज़िन्दगी के हक़ाइक़ बयान करते हैं, अपनी ज़ाती वारदात को हर हस्सास इंसान के दिल की धड़कन बना देते हैं। मीर साहब के बारे में ये और इस तरह की बेशुमार बातें कही जाती हैं और ये सब सही भी हैं। मगर "वो बात सारे फ़साने में जिसका ज़िक्र नहीं", ये है कि मीर साहब से मिल कर, उन्हें सुन कर और उन्हें पढ़ कर एक तरह का तज़्किया-ए-नफ़्स[98] होता है। तज़्किया-ए-नफ़्स हज़रात सूफ़िया की इस्तिलाह है और एक ख़ास मफ़हूम पर मुहीत है। मीर के कलाम से जो तज़्किया होता है वो ये कि उनको पढ़ कर, उनके सोज़ में डूबे हुए अशआर सुन कर जज़्बात की शिद्दत अपनी इन्तिहा को पहुँचती है। रहम और ख़ौफ़ की आवेज़िश[99], उम्मीद-ओ-बीम[100] की कशमकश, जज़्बात को ठण्डा करके क़ारी का तज़्किया कर देती है और

वो ख़ुद को बेहतर और पाकीज़ा-तर महसूस करता है। मीर को पढ़ना शुरू कीजिए। क़दम-क़दम पर ऐसे अशआर मिलेंगे जिनसे क़ारी के दिल का चोर निकल जाता है और वो अपने आपको नई तवानाई[101] का हामिल महसूस करता है। ये वस्फ़[102] उर्दू के दूसरे शायरों में भी मिलता है मगर कम-कम। मीर की तरह नहीं। मीर के ग़म से अज़मत का एक एहसास बेदार होता है। ये हमें पस्ती की तरफ़ नहीं ले जाता। इसमें इर्तिफ़ा[103] ही इर्तिफ़ा है।

मीर साहब यूँ तो उस्ताद-ए-सुख़न थे। मसनवी, क़सीदा, मर्सिया, हज्व[104] सब कुछ कहा है लेकिन ग़ज़ल और मसनवी से उन्हें ख़ुसूसी मुनासिबत थी। मीर के अहद में उर्दू ग़ज़ल अपनी रिवायत में पुख़्ता हो चुकी थी। मीर ने उस रिवायत को पुख़्ता-तर किया। ज़बान-ओ-बयान में फ़ारसी के असर से आज़ाद होकर अवामी सतह पर गुफ़्तगू की। मीठी और नर्म ज़बान, सादा और दिलकश अन्दाज़-ए-बयान, इंफ़िरादियत[105] की गहरी छाप। जी चाहता है कि यहाँ एक मिसाल से सिलसिला-ए-कलाम को आगे बढ़ाया जाए। ख़्वाजा हाफ़िज़ फ़ारसी शायरी के ख़ुदा-ए-सुख़न हैं। मस्ती, सरशारी[106], बेख़ुदी उनका शेवा और मजाज़ में हक़ीक़त का तरफ़ा माजरा उनका शिआर है। ख़्वाजा साहब की एक मशहूर ग़ज़ल है।

ऐश मुदाम अस्त अज़ लाल-ए-दिल-ए-ख़्वाह
कारम ब-काम अस्त अलहम्दु-लिल्लाह

बक़ौल सुख़नवरान-ए-क़दीम[107], मतला नहीं मतला-ए-आफ़ताब है कि ख़ुदा-ए-सुख़न की इंफ़िरादियत की गहरी छाप से नूर ही नूर है। असातिज़ा-ए-फ़न बिल-उमूम दूसरे असातिज़ा की ज़मीनों में ख़ामा-फ़रसाई[108] नहीं करते, बक़ौल अनीस,

भला तरद्दुद-ए-बेजा से उनमें क्या हासिल
उठा चुके हैं ज़मींदार जिन ज़मीनों को

मगर उर्दू का ख़ुदा-ए-सुख़न भी पीछे नहीं रहा। उठाई हुई ज़मीन में अपनी इंफ़िरादियत इस तरह नुमायाँ कर गया कि ज़मीन-ए-सुख़न मुल्क सी हो गई। मीर साहब कहते हैं,

अब हाल अपना उसके है दिल-ख़्वाह
क्या पूछते हो अलहम्दुलिल्लाह

इस मतले में मीर की पूरी शख़्सियत, उनकी शायरी का पूरा हुस्न और तवानाई जलवागर है। एक ठण्डी साँस, शेवा-ए-तस्लीम-ओ-रज़ा, सुपुर्दगी, ज़िन्दगी की पूरी कशमकश। क़ारी के लिए तत्हीर-ए-नफ़्स[109]। "अगर जानाँ बदीं शाद अस्त या-रब पारा तर बादा"[110] अमीर ख़ुसरो जैसे दरवेश ने कहा था। मीर तो फ़ना-फ़िल-महबूब[111] हो गए हैं। उनकी अलहम्दुलिल्लाह में ज़हर-ख़न्द[112] नहीं। सब्र-ओ-शुक्र है और जब मतले के साथ हम ग़ज़ल के इस शेर को भी पढ़ते हैं,

अव्वल कि आख़िर, ज़ाहिर कि बातिन
अल्लाह अल्लाह अल्लाह अल्लाह

तो मीर के सब्र-ओ-रज़ा और शेवा-ए-तस्लीम की असास पूरी तरह वाज़ेह[113] हो जाती है। मीर उर्दू ग़ज़ल की रिवायत के बेहतरीन नुमाइन्दे हैं। उर्दू ग़ज़ल पर उनकी इंफ़िरादियत की छाप बड़ी गहरी और हमा-जिहत[114] है। उनके नग़मे दिल मोह लेते हैं। दिल की गहराई में उतरते चले जाते हैं। सादा से अशआर आम फ़हम अन्दाज़। इंसानी नफ़्सियात का बा-कमाल मुशाहिदा, इश्क़ की शोरीदा-सरी[115], हुस्न की दिलेरी, मुताला-ए-कायनात में दीदा-वरी[116]। हक़ाइक़ के इदराक में आफ़ाक़ियत[117], नर्मी, दिल-आवेज़ी[118]। मीर की ग़ज़ल में क्या नहीं है। जो कुछ है उर्दू ग़ज़ल का सरमाया-ए-इफ़्तिख़ार[119] है। ग़ज़ल अजीब सिंफ़-ए-सुख़न है। दाख़िलियत[120] में डूबी हुई, ब-ज़ाहिर बे-रब्त[121] और एक दूसरे से ग़ैर-मुतअल्लिक़ अशआर का मज्मूआ है। ब-बातिन बँधे हुए मोतियों की लड़ी। हर शेर में एक जहान-ए-मानी[122]

और तमाम अशआर में ब-हैसियत-ए-मज्मूई जज़्बात-ओ-वारदात का एक जहान-ए-नादीदा जिसके वुजूद को हम सब महसूस करते हैं। मीर की ग़ज़ल में ये जहान-ए-नादीदा, दीदनी बन गया है। ये ऐसी दुनिया है जो हमारी अपनी दुनिया से ज़्यादा बेहतर, ज़्यादा ख़ुशतर और ज़्यादा मानी-ख़ेज़ है। मीर की ये दुनिया बड़ी पुर-कशिश है। हमें अपनी तरफ़ खींचती है। हमें अपना बना लेती है। मीर की कोई ग़ज़ल पढ़िए उसमें एक मानवी वहदत मिलेगी, एक मख़्सूस मिज़ाज मिलेगा। ज़िन्दगी का सलीक़ा और इंसानियत की आबरू मिलेगी,

पढ़ेंगे शेर रो-रो लोग बैठे
रहेगा देर तक मातम हमारा

मीर की मसनवियों में भी ग़ज़ल ही की दाख़िलियत का रंग-ओ-आहंग है। मसनवियाँ मीर की शेरी शख़्सियत का बेहतरीन इज़्हार हैं। कुछ आप बीती कुछ जग बीती। सोज़-ए-इश्क़ के हवाले से शोरीदगी और शोरीदा-सरी के हवाले से, दिलदोज़[123] और ख़ूँ-चकाँ[124], नाकामी और मायूसी का ताबिन्दा[125] निशाँ, मीर के तसव्वुर-ए-इश्क़ का तौसीई[126] बयान। इन मसनवियों से भी पढ़ने वाले तत्हीर की मंज़िलों से गुज़रते हैं और एक नए हौसले से आश्ना होते हैं।

ये भी मीर की ज़िन्दगी का अलमिया है कि वो इकत्तीस बरस लखनऊ में रहे लेकिन वहाँ की फ़िज़ा और मिज़ाज से हम-आहंग न हो सके। मीर बुझते चराग़ों, कुम्हलाए फूलों, डूबती ख़ुशबू और मान्द पड़े रंगों के ख़ूगर थे। महफ़िल में उजाला देख कर उनकी आँखें ख़ैरा[127] हो गईं। वो रौशनी की ताब न ला सके कि ये रौशनी मस्नूई[128] और एक मनफ़ी फ़िक्री रुजहान की ग़म्माज़[129] थी। ये उनकी कमज़ोरी नहीं इंसानी सरिश्त[130] का फ़ितरी तक़ाज़ा था। हर रंग में ढल जाना मीर की फ़ितरत के ख़िलाफ़ था। वो यक-रंग थे, यक दरगीर-ओ-मुहकम-गीर[131] के क़ाइल थे। मीर की शायरी सियासी इंहितात[132] में मुब्तला देहलवी मुआशरे की तर्जुमान है लेकिन ये वज़ाहत ज़रूरी है कि

मीर की शायरी से देहलवी मुआशरे के सियासी इन्हितात का अन्दाज़ा ज़रूर होता है। ताहम फ़िक्र-ए-मीर के फैलाव और वुसअत से ये भी ज़ाहिर होता है कि ये इंहितात सियासी था, ज़ेहनी नहीं था, फ़िक्र में ठहराव नहीं पैदा हुआ था। तश्कील-ए-नौ[133] की ज़रूरत थी। मीर की वफ़ात के सैंतालीस बरस बाद तश्कील-ए-नौ का काम भी शुरू हो गया और ये फ़िक्र एक नए अन्दाज़ से नुमायाँ हुई। मीर की शायरी का महवर[134] और हवाला ज़ेहन-ओ-फ़िक्र का इंहितात नहीं, ख़ुलूस-ओ-मुहब्बत के फ़ुक़्दान[135] का एहसास है। उन्हें सारी ज़िन्दगी शिकवा रहा,

इस अह्द में इलाही मुहब्बत को क्या हुआ
छोड़ा वफ़ा को उन ने मुहब्बत को क्या हुआ

ये हमारे अह्द का अलमिया भी है मगर हम उसे तस्लीम नहीं करते। मीर में इतनी अख़्लाक़ी जुर्रत थी कि वो इस फ़ुक़्दान-ए-मुहब्बत का बरमला[136] इज़हार कर सकते थे। हम अपनी सारी बेबाकी के बावजूद इस हक़ीक़त का ऐतिराफ़ नहीं करते और अपनी मुनाफ़िक़त[137] की तावीलें[138] करते रहते हैं।

मीर ने मुहब्बत की बे-ज़बानी को ज़बान अता की है। मुहब्बत का नग़मा हर शायर ने छेड़ा है लेकिन मीर की मुहब्बत रस्मी और महदूद नहीं। ये उनके वुजूद का बुनियादी उंसुर[139] है। उनके रग-ओ-पै में रवाँ-दवाँ है। मुहब्बत उनकी फ़िक्र, उनका ज़ेहन, उनका दिल, उनकी रूह है। "मुहब्बत ने ज़ुल्मत से काढ़ा है नूर, न होती मुहब्बत न होता ज़ुहूर।" इस मुहब्बत में बे-राह-रवी[140] नहीं, बाग़ियाना जोश नहीं, नर्मी और धीमापन है। जज़्बा-ए-तामीर और बेहतर इंसानियत की तश्कील का हौसला है। इसी मुहब्बत के वुफ़ूर ने मीर साहब को ख़ुदा-ए-सुख़न बना दिया है।

मीर ने तवील[141] उम्र पाई थी, उसी मुनासबत से उनका कुल्लियात भी ज़ख़ीम है। उन्होंने छः दीवान मुरत्तब किए हैं। मीर साहब, निरे शायर ही नहीं अच्छे नस्र-निगार[142] भी थे। उनके नस्री-कारनामों में शोरा का एक तज़्किरा

'नकात-उश-शोरा' है जो 1752 में मुरत्तब हुआ। 'नकात-उश-शोरा' से मीर की सुख़न-फ़हमी, उस्तादी और अनानियत का एहसास होता है। 'फ़ैज़-ए-मीर' मीर साहब ने अपने बड़े बेटे फ़ैज़ अली के लिए मुरत्तब की थी। तीसरी किताब 'ज़िक्र-ए-मीर' है जो 1782-83 में इख़्तिताम[143] को पहुँची। ये मीर साहब की ख़ुद-नविश्त[144] है। मीर साहब ने सियासी माहौल के हवाले से अपने हालात का जायज़ा मुरत्तब किया है। इस किताब की वज्ह से मीर साहब के अहवाल-ओ-आसार को समझने में बड़ी मदद मिलती है। ये तीनों किताबें फ़ारसी में हैं। अंजुमन तरक़्क़ी उर्दू 'नकात-उश-शोरा' और 'ज़िक्र-ए-मीर' शाए कर चुकी है।

बाज़ शायरों का कलाम नौ-उम्री में भला मालूम होता है। बाज़ जवानी की शोरीदा-सरी में ज़्यादा पुर-कशिश नज़र आते हैं। बाज़ शोरा एहतिराम की नज़र से देखे जाते हैं कि हमें मजबूरन उनकी उँगली पकड़ कर उनके साथ चलना पड़ता है मगर मीर साहब, वो तो सिर्फ़ मुहब्बत करना सिखाते हैं। अपनों से, ग़ैरों से, सबसे, वो हर एक से यही कहते हैं,

बारे दुनिया में रहो ग़म-ज़दा या शाद रहो
ऐसा कुछ करके चलो याँ कि बहुत याद रहो।

1 रास्ता 2 माथा 3 शर्म 4 दीनता 5 थकावट 6 बैठने का तरीक़ा 7 अहंकार 8 मिलावट 9 दुखी 10 रास्ते में 11 बतन का बहुवचन (राज़, पेट) 12 दीवानापन 13 बद-क़िस्मती 14 असमर्थता 15 श्रद्धालु 16 नादिर शाह का आक्रमण 17 पेंशन, वृत्ति 18 दूसरी बार 19 उबाल, जज़्बा 20 प्रकट होना 21 ख्याति 22 समझाने या तर्क करने की क्रिया 23 आर्थिक 24 वह कपड़ा जिसे बिछा कर खाना खाया जाता है 25 आक्रोशित 26 माध्यम, वास्ता 27 आश्रित लोग 28 उपनाम 29 नेक 30 चेतना 31 विपदा और दुख 32 बातों अथवा मुआमलों की बारीकियाँ 33 आसमान के नीचे 34 अमीर का बहुवचन (सम्मानित) 35 वज़ीर का बहुवचन (मंत्री) 36 शिल्पकार 37 लुप्त 38 बेचैनी, बौखलाहट 39 अस्त-व्यस्तता, बिखराव 40 संवेदनशील 41 बाहरी 42 आपत्ति, विपत्ति 43 ऊपर-ऊपर देखने वाले 44 अहंकारी 45 घर बैठ जाना 46 आन-बान, अभिमान 47 समीप अथवा समीपवर्ती 48 दूषित 49 अनमोल सुरमा 50 पाँव की धूल 51 अप्रसन्नता 52 उस्तादों के उस्ताद 53 दानशीलता 54 केन्द्र 55 हुक्म, आदेश 56 शौक़ के मारे 57 सुन्दरता बढ़ाने वाला 58 लिखने वाला 59 जीवनी लिखने वाला 60 इकट्ठा करने वाला 61 शैली 62 आकार देना 63 चित्रकार 64 सिंगार कक्ष 65 प्राचीन 66 नोकदार 67 बे-वतन 68 टूटा हुआ दिल 69 उसी समय, मौक़े पर 70 रहन-सहन 71 क्षमा याचना 72 ग़लती की माफ़ी 73 परेशान, बदहवास 74 विलाप, बयान करना 75 भटकते फिरना, आवारगी 76 गर्व 77 दुखा हुआ दिल 78 मार्ग-दर्शन का केन्द्र 79 दलील, निशानी 80 घुड़सवार एक तरफ़, ग़रीब और फ़क़ीर एक तरफ़ 81 वास्तविकता 82 अजगर 83 सिंहासन पर बैठने वाला 84 उपासक 85 अकेला / अकेले 86 धुरी 87 अर्थपूर्णता 88 धैर्य एवं प्रसन्नता 89 ईश्वर की मर्ज़ी पर छोड़ना 90 जो मिला उसी पर सन्तोष करना 91 आचरण 92 अस्थिरता 93 दुनिया का उलट-फेर 94 दुखद 95 तज्रबा 96 संसार भर का 97 ना-उम्मीद व्यक्तित्व 98 इच्छाओं को दबाने वाला 99 खींचा-तानी 100 आशा-निराशा 101 ऊर्जा 102 विशेषता 103 ऊँचाई 104 निन्दा 105 अकेलापन 106 मस्ती 107 पुराने शायर 108 लिखना 109 आत्म शुद्धि 110 अगर महबूब इसी में ख़ुश है तो ऐ ख़ुदा और टुकड़े-टुकड़े हो जाएँ 111 महबूब के लिए फ़ना होना 112 खिसियानी हँसी 113 ज़ाहिर 114 बहुरुखी 115 पागलपन 116 अच्छे बुरे की पहचान 117 दुनिया भर की 118 सौन्दर्य 119 वह धन या वस्तु जिसपर गर्व किया जाए 120 आत्मीयता 121 टूटा हुआ 122 अनदेखी दुनिया 123 तकलीफ़ देने वाला 124 ख़ून टपकता हुआ 125 चमकदार 126 विस्तृत 127 चौंधियाना 128 बनावटी 129 भेद खोलने वाला, चुग़ल 130 स्वभाव 131 किसी एक को पकड़ लो और मज़बूती से पकड़े रहो 132 गिरावट, पस्ती 133 फिर से रूप देने वाला 134 केन्द्र, धुरी 135 कमी 136 सबके सामने 137 दिल में कुछ और ज़बान पर कुछ और होना 138 व्याख्या 139 तत्व, मूलभूत 140 ग़लत रास्ते पर चलना 141 लम्बी 142 गद्य लिखने वाला 143 समापन 144 स्वलिखित

सीज़र, माता हरी और मिर्ज़ा

मुश्ताक़ अहमद यूसुफ़ी
(1923 - 2018)

"हाय अल्लाह! ये हाथी का हाथी कुत्ता काहे को ले आए?"

"चौकीदारी के लिए।"

"किस की?"

"घर की।"

"इस घर की?"

"हाँ बहुत ही होशियार कुत्ता है। घर में कुछ न हो, तब भी चौकीदारी कर सकता है।"

इस इज़दिवाजी[1] मुकालमे[2] से बाद में ये फ़ायदा ज़रूर हुआ कि तनख़्वाह मिलते ही हमने घर गृहस्ती का ज़रूरी सामान ख़रीद डाला ताकि कुत्ता इसकी चौकीदारी कर सके, लेकिन वालिदैन की समझ में आने वाला जो फ़ौरी फ़ायदा हमने सर-ए-दस्त[3] बयान किया, इससे अपने मासूम बच्चों को जान-बूझ कर महरूम रखने के लिए पत्थर का कलेजा चाहिए। वो फ़ायदा ये था कि आख़िर को ये एक अंग्रेज़ का कुत्ता था, और ये कौन नहीं जानता कि हमारे हाँ अनपढ़ से अनपढ़ आदमी भी अपने कुत्ते का नाम अंग्रेज़ी रखता है और अंग्रेज़ी ही में उससे बातचीत और डाँट-डपट करता है। चुनांचे हमने इशारतन तवज्जो दिलाई कि इसकी वज्ह से बच्चों को अंग्रेज़ी बोलना आ जाएगी।

ये सुनते ही बेगम ने कुत्ते के सर पर हाथ फेरा और ज़ंजीर ऐसे फ़ैसला-कुन झटके के साथ हमारे हाथ से छीन ली, जैसे लेडी मैकबैथ ने मैकबैथ के हाथ से ख़ंजर छीना था।

INFIRM OF PURPOSE!
GIVE ME THE DAGGER

यादश-बख़ैर[4] इस ड्रॉप सीन से कोई बीस साल उधर जब आतिश जवान बल्कि नौजवान था, उसने नीली आँखों, भरी-भरी टाँगों और "ब्लौंड' बालों वाली मेम को बाग़ में अपने जेबी साइज़ के "पॉमेरेनियन" कुत्ते को भींच-भींच कर प्यार करते देखा था। था भी ज़ालिम इसी क़ाबिल। गोल मटोल। झबरा। सफ़ेद बगुला से बालों से सारा जिस्म इस बुरी तरह ढका हुआ था कि जब तक चलना शुरू न करे, ये बताना मुश्किल था कि मुँह किस तरफ़ है। हाय वो भी क्या ज़माना था जब हर चीज़ जवान थी। हर चीज़ हसीन थी। हर चीज़ पे टूट के प्यार आता था। कैसे महकते-दहकते दिन थे वो भी।

मिरी साँस में है गर्मी कि ये लू सी चल रही है

अच्छी तरह याद है कि उस दिन उन गुनहगार आँखों को ज़ंजीर के दोनों सिरों पर हुस्न नज़र आया और दिल में ये प्यार भरी हसरत करवटें लेने लगी कि अंग्रेज़ की ग़ुलामी से आज़ाद होने के बाद कभी फ़राग़त और गोश-ए-चमन नसीब हुआ तो एक नीली आँखों, भरी-भरी टाँगों और 'ब्लौंड' बालों वाला कुत्ता ज़रूर पालेंगे। मगर एक तो ब-क़ौल-ए-मिर्ज़ा आला नस्ल के कुत्ते बावा के मोल मिलते हैं। दूसरे उस ज़माने में मकान इतना तंग था कि जानवर का तन्दुरुस्त रहना मुहाल। वो तो ख़ुदा भला करे मिस्टर एस. के. डीन (शेख़ ख़ैरुद्दीन) एम.ए. (ऑक्सिन) का, जो हमारी आतिश-ए-शौक़[5] को हवा देते रहे। ये हमारे दूर पड़े के अज़ीज़ हम-साए थे। उनके पास एक बड़ा जय्यद[6] कुत्ता था। ख़ालिस 'ग्रे-हाउंड', जिसे वो पड़ोसियों का ख़ून पिला-पिला कर पाल रहे थे। दहन रसा रखता था। जिस्म ततैये जैसा और मिज़ाज भी ऐज़न। यूँ तो भौंकने के तमाम मुतदावल[7] अस्नाफ़ में उस्तादाना महारत रखता था, लेकिन चाँदनी छिटकी हो और तबीअत हाज़िर, तो फिर कुछ ऐसी 'ओरिजिनल' तर्ज़ इख़्तियार करता कि जितनी मर्तबा भौंकता, तबीअत को हर

बार एक नई कोफ़्त हासिल होती।

देखा गया है कि ऐसे-वैसे शौक़िया भौंकने वाले कुत्तों का साँस तो दो-चार दफ़ा ही टियाऊँ-टियाऊँ करने में उखड़ जाता है। मगर ये कुत्ता बक़ौल मिर्ज़ा, उर्दू में भौंकता था, यानी भौंकता ही चला जाता था। कहने वाले कहते थे कि मिस्टर एस. के. डीन अपने निज के बुज़ुर्गों को अपने लायक़ नहीं समझते। मगर अपने असील[8] कुत्ते का शजरा-ए-नसब[9] पन्द्रहवीं पुश्त तक फ़र-फ़र सुनाते और इसके आबा-ओ-अजदाद[10] पर इस तरह फ़ख़्र करते, गोया उनका ख़ालिस ख़ून उनकी नाचीज़ रगों में दौड़ रहा है। कहते थे नहर स्वेज़ के इस तरफ़ इतना ख़ालिस-ओ-ख़ूँख़ार कुत्ता ढूँढे से नहीं मिलेगा। इसका दादा पन्द्रह जून 1941 को पॉण्डीचेरी में देसी कुत्तों से लड़ता हुआ मारा गया। चाँदनी-रात। हू हू का आलम। चौराहे पर घमसान का रन पड़ा। कुत्तों के पुश्ते लग गए थे।

मुहल्ले में मशहूर था कि मिस्टर डीन के हाँ कोई घबराया-घबराया फ़ायर ब्रिगेड को फ़ोन करने भी चला जाए तो उसे अपने मरहूम कुत्तों के एलबम दिखाए बग़ैर फ़ोन को हाथ नहीं लगाने देते। ड्राइंग-रूम में मिस्टर डीन की एक बड़ी सी तस्वीर भी टँगी थी, जो उन्होंने अपने कुत्ते के जीते हुए कप और ट्रॉफ़ियों के साथ खड़े हो कर और उसके तमग़े कोट पर लगा कर खिंचवाई थी। हमारी देरीना[11] हसरत-ओ-शेफ़्तगी[12] के पेश-ए-नज़र एक दिन तख़्लिए[13] में हमें अपने टेप रिकॉर्ड पर मौज़ूदा कुत्ते के वालिद मरहूम का भौंकना सुनाया। सुनकर ख़ुद आबदीदा[14] हुए और हमें भी उनकी हालत देख कर रोना आ गया।

कुत्ता पालने की हसरत का इज़हार हमने बारहा मिर्ज़ा के सामने किया, मगर वो कुत्ते का नाम आते ही काटने को दौड़ते हैं। कहते हैं, "हटाओ भई वाहियात जानवर है। बिलकुल बे-मसरफ़। कुत्ते की तख़्लीक़ का वाहिद मक़्सद ये था कि पतरस इस पर एक लाजवाब मज़्मून लिखे। सो ये मक़्सद,

अर्सा हुआ, पूरा हो चुका और अब इस नस्ल को ज़िन्दा रहने का कोई हक़ नहीं।" वो तो यहाँ तक कहते हैं कि ये नस्ल नापैद[15] हो भी गई तो उर्दू तंज़-निगारों[16] से नाम चलता रहेगा। यूँ तो सभी जानवरों के बारे में मिर्ज़ा की मालूमात ज़ालिमाना हद तक अधूरी हैं (मसलन अभी कल शाम तक वो लोमड़ी को गीदड़ की मादा समझे बैठे थे और... ग़ज़ब ख़ुदा का... बड़े च्यूँटा को आम च्यूँटी का नर) मगर कुत्तों के साथ वो ख़ुसूसियत से तअस्सुब[17] बरतते हैं और अपनी बात की पच में एक से एक दलील पेश करते हैं। मिसाल के तौर पर एक दिन कहने लगे, "जिस घर में कुत्ता हो, उस घर में चोर ही नहीं, रहमत के फ़रिश्ते भी दाख़िल नहीं हो सकते।"

"चोर का दाख़िल न होना तो समझ में आता है, मगर रहमत के फ़रिश्तों को क्या डर है?"

"इसलिए कि कुत्ता ना-पाक होता है।"

"मगर कुत्ते को साफ़-सुथरा भी तो रखा जा सकता है। अंग्रेज़ों को देखिए, सुब्ह-ओ-शाम नहलाते हैं।"

"उपले को अगर सुब्ह-ओ-शाम साबुन से धोया जाए तो क्या पाक हो जाएगा?"

"मगर सवाल ये है कि कुत्ता नापाक कैसे हुआ?"

"कज-बहसी कोई तुमसे सीखे। अल्लाह बख़्शे, नानी जान कहा करती थीं कि कुत्ते के मुँह में सूअर की राल होती है।"

"लीजिए। आपने नापाकी की एक अछूती तौजीह[18] तलाश कर ली।"

"भाई मेरे एक मोटी सी पहचान आज तुम्हें बताए देता हूँ। याद रक्खो, हर वो जानवर जिसे मुसलमान खा सकते हैं, पाक है।"

"इस लिहाज़ से मुसलमान ममालिक में बकरों को अपनी पाकी-ओ-तहारत के सबब, ख़ासा नुक़्सान पहुँचा है।"

"बकने वाले बका करें। मुसलमानों ने कुत्ते को हमेशा कुत्ता ही कहा। बड़े आदमियों के नाम से नहीं पुकारा।"

"बड़े आदमियों की एक ही रही। आपने सुना नहीं कि नस्लन सब कुत्ते एक ज़माने में भेड़िए थे? आदमी की सोहबत में उनका भेड़िया-पन जाता रहा। मगर ख़ुद आदमी..."

"देखो, तुम फिर लिट्रेचर बोलने लगे। इल्मों बस करें ओ यार!"

इस बारा-ए-ख़ास में मिर्ज़ा के नस्ली तअस्सुब की जड़ें उनके सग-गज़ीदा[19] बचपन तक पहुँचती हैं। इसलिए हमने ख़्वाह-मख़ाह उनसे उलझना मुनासिब न समझा और चुप-चाप कुत्ता रखने की आरज़ू को पालते रहे। यहाँ तक कि वो दिन आ गया, जब हमारा अंग्रेज़ अफ़्सर भारी दिल और उससे ज़्यादा भारी क़दमों के साथ अपने वतन की जानिब रवाना हुआ। और रवानगी से क़ब्ल इस तअल्लुक़-ए-ख़ातिर[20] की बिना पर, जो हमको उससे और उसको अपने कुत्ते से था, दरयाफ़्त किया, "तुम चाहो, तो मेरा कुत्ता बतौर यादगार रख सकते हो। इम्पोर्टेड अल्सेशन है। तेरह माह का। सीज़र कह कर पुकारो तो दुम हिलाता आता है।" आप अन्दाज़ा नहीं कर सकते, इस सिला-ए-ख़ास में एक कमज़ोर दिल के आदमी के लिए ललचाहट के क्या-क्या सामान पोशीदा थे। इसमें मुतलक़ शुब्हा न था कि उससे बेहतर कोई यादगार नहीं हो सकती कि जब भी वो भौंकेगा, अफ़्सर की याद ताज़ा हो जाएगी। फिर ये कि अल्सेशन कभी हम इसको, कभी अपने घर को देखते हैं अफ़्सर की अदना मेहरबानी से हमें इतनी ख़ुशी होती है कि बक़ौल मिर्ज़ा, अगर उस वक़्त हमारे दुम होती तो ऐसी हिलती कि फिर न थमती।

रही-सही हिचकिचाहट को लफ़्ज़ 'इम्पोर्टेड' ने दूर कर दिया। इस ज़माने में हर वो शैय जो वतन-ए-अज़ीज़ में पैदा न हुई हो, क़द्र-ओ-मंज़िलत[21] की निगाह से देखी जाती थी। चुनांचे हर बिगड़ा हुआ मुसलमान रईस ये साबित करने पर तुला बैठा था कि न सिर्फ़ उसके कुत्ते के, बल्कि उसके अपने बुज़ुर्ग

भी असली इम्पोर्टेड थे और ख़ाली एक तलवार लेकर मावरा-उल-नहर[22] से हिन्दुस्तान में वारिद हुए थे। इम्पोर्टेड कुत्ता समाज में क्या हैसियत रखता है, इसका सरसरी-सा अन्दाज़ा उन वाक़िआत से लगाया जा सकता है जो दो साल पेशतर हमारी नज़र से गुज़र चुके थे। हमसे चार घर दूर मिस्टर ख़िलजी बैरिस्टर रहते थे। उनके वालिद मरहूम ने चन्द नायाब[23] कुत्ते तर्के में छोड़े थे। (छोड़ने को तो चन्द नायाब किताबें भी छोड़ी थीं, मगर चूँकि वो भी कुत्तों ही से मुतअल्लिक़ थीं, इसलिए हमने क़सदन ज़िक्र नहीं किया) इन्ही में की एक दोग़ली सी कुतिया थी। जिसके मुतअल्लिक़ उनका फ़ख़्रिया दावा था कि उसकी नानी जोज़ीफ़ेन के तअल्लुक़ात रास्पुतिन से रह चुके थे, जो एक इम्पोर्टेड 'ग्रेट डेन' कुत्ता था। नीज़ ये कि वो शिमला सिविल ऐंड मिलिट्री कैनल से उस वारदात कल्बी का सर्टिफ़िकेट हासिल कर चुके हैं, जो उनके सोने के कमरे में आज भी आँखों को नूर, दिल को सुरूर बख़्शता है।

नाम माता हरी रख छोड़ा था। किसी ज़माने में उसके लिजलिजे कान हर वक़्त लटके रहते थे। मगर उन्होंने शहर के बेहतरीन सर्जन से ऑपरेशन करा के अल्सेशन की तरह खड़े करा लिए थे। रंग हल्का ब्राउन जैसे मीठी आँच पर सेंका हुआ तोस। बैरिस्टर साहब की ऐंग्लो-इंडियन बीवी (जो ख़ुद भी बड़ी भरी-पुरी औरत थी और सल्तनत की तरह दस्त-ब-दस्त आई थी) इस पर अपने हाथ से यूडीक्लोन छिड़क कर, मगरमच्छ की खाल का जड़ाव कॉलर पहनाए घुमाने ले जाती और अपने जूते से मैच करने के लिए उसपर टूथ ब्रश से ख़िज़ाब लगा देती। कभी स्याह, कभी बोलता हुआ उन्नाबी। ये तो गर्मियों की शामों के मामूलात में से था।

जाड़े में माता हरी फ्रेंच ब्रांडी के दो चमचे ग़टाग़ट पी कर ईरानी क़ालीन पर अपनी मालिका की तरह इतालवी रेशम की अंगिया की तोहमत[24] लगाए सोते-जागते पहरा देती थी। सूरतन भेड़िया और सीरतन भेड़। हम भेड़ इसलिए कह रहे हैं कि सुब्ह-ओ-शाम विलायती बिस्कुट और डिब्बे का गोश्त खाते

रहने के बावजूद (या शायद इसी वज्ह से) बक़रईद की रात को मुहल्ले के क़साई के साथ भाग गई और तीन शब बाद मटकती-मटकाती लौटी भी तो इस तनतने से कि एक दर्जन रुफ़क़ा-ए-हयात[25] जिलौ[26] में। चाल जैसे क़ुर्रतुल-ऐन-हैदर की कहानी... पीछे मुड़-मुड़ कर देखती हुई। ख़ुश सोहबती के गली-गली चर्चे, मगर ज़ेहानत छूकर नहीं गई थी। बक़ौल मिर्ज़ा बिलकुल गधी थी।

उन्हीं से मर्वी[27] है कि अक्सर बाज़ारी कुतियों के पिल्ले आकर चसर-चसर उसके दूध का आख़िरी क़तरा तक पी जाते और अपने बच्चे दुम हिलाते या प्लास्टिक की हड्डियाँ चचोड़ते रह जाते। मगर ईमान की बात ये है चौकीदारी के लिए चन्दाँ बुरी न थी कि अपनी इज़्ज़त आबरू के अलावा हर चीज़ की बख़ूबी हिफ़ाज़त कर सकती थी। उसके ये लक्षण देखे तो बैरिस्टर साहब ने उसकी रखवाली के लिए एक चौकीदार रखा। उसी साल गर्मियों की छुट्टियों में वो अपने कुम्बे और कुतिया समेत कार से मुरी जाने लगे तो उनके नाना-जान क़िबला ने अच्छा-ख़ासा हंगामा खड़ा कर दिया। बस अड़ गए कि मैं इस 'नजिस कुत्ती' के साथ कार में सफ़र नहीं कर सकता। लिहाज़ा बैरिस्टर साहब उनको हमारे हाँ छोड़ गए। जितने दिन बुज़ुर्गवार मौसूफ़ हमारे हाँ मेहमान रहे बाद नमाज़-ए-इशा हाथ फैला कर मुन्तक़िम-ए-हक़ीक़ी[28] से दुआ माँगते कि परवरदिगारा मालज़ादी[29] माता हरी सालाना ज़चगी में अपने कैफ़र-ए-किरदार[30] को पहुँचे। कुतिया कहें कि हर रंग, हर साइज़ की गाली उनकी रोज़मर्रा गुफ़्तगू में नगीने की तरह जुड़ी होती। दिन-भर नमाज़ की चौकी पर बैठे सबको हस्ब-ए-मरातिब[31] ख़ुर्द-ओ-कलाँ[32] गालियाँ देते रहते। दुआ में भी बे-साख़्ता यही रंग रहता। मिर्ज़ा का ख़याल था कि अगर वो अपने दिल पर जब्र[33] करके दुआ में से ग़ालियाँ हज़्फ़[34] कर देते तो सारी तासीर जाती रहती। जो दुआ दिल से न निकले क्योंकर मुस्तजाब[35] हो सकती है? औक़ात-ए-दुआ के अलावा हर आए-गए के सामने अपने ना-फ़रमान नवासे के इम्तियाज़ी सुलूक की शिकायतों के दफ़्तर खोल देते। उनके तमाम शिकवे

शिकायतों का लुब्ब-ए-लुबाब बस ये था कि मेरे साथ कुत्ते जैसा सुलूक क्यों नहीं किया जाता आख़िर मैं भी जानदार हूँ।

इम्पोर्टेड कुत्ते की छैल-छबीली नवासी की ये लज़ीज़ हिकायत बयान करने का मुद्दआ ये है कि लफ़्ज़ 'इम्पोर्टेड' ने अंग्रेज़ अफ़्सर के मुँह से निकलते ही हमारी मुदाफ़िअत[36] की दीवार को, जो कभी भी बहुत बुलन्द और पुख़्ता न थी, यक-लख़्त ढा दिया। भला ऐसे सोहबत याफ़्ता कुत्ते रोज़-रोज़ कहाँ मिलते हैं। बिल-आख़िर शौक़-ए-फ़ुज़ूल हमारे फ़ितरी ख़ौफ़ पर ग़ालिब आया और जहाज़ का लंगर उठने से पहले हमने अपने आप को एक ख़ुश-नसीब कुत्ते का मालिक पाया। लेकिन एक बात के लिए हम भी ज़ेहनी बल्कि जिस्मानी तौर पर तैयार न थे। 'तेरह माह' की उम्र सुनकर हमारे तसव्वुर में एक बहुत ही भोली-भाली सूरत उभरी थी। हम ने सोचा, जैसे तेरह महीने का आदमी का बच्चा बड़ा प्यारा सा होता है। थन मथन्ना, गबदा-सा, ग़ाऊँ-ग़ाऊँ करता हुआ, वैसा ही ये भी होगा। सच तो ये है कि बच्चा किसी का भी हो, बड़ा 'स्वीट' लगता है। फिर ये तो अल्सेशन का बच्चा ठहरा। जी हाँ बच्चा दरअस्ल हम उसके 'इम्पोर्टेड' होने से इस क़दर मरऊब[37] थे कि पिल्ला कहते हुए ख़ुद शर्म सी महसूस होती थी।

मगर सीज़र हर ऐतिबार से हमारी तवक़्क़ुआत से बढ़ कर निकला। उसका सरापा खींच कर हम नाज़रीन का वक़्त ज़ाए नहीं करना चाहते। उसके डील-डौल का सरसरी-सा अन्दाज़ा इस अमर से लगाया जा सकता है कि हमारे देरीना करम फ़र्मा प्रोफ़ेसर क़ाज़ी अब्दुल क़ुद्दूस की सालिम रान उसके मुँह में आ जाती थी। और ये प्रोफ़ेसर मज़कूर ही ने बताया कि बन्दा-ए-ख़ुदा तुमने भी बड़ा ग़ज़ब किया। तेरह महीने का अल्सेशन तो पूरा पाठा कुत्ता होता है। किताबों में लिखा है कि तीन महीने से ज़्यादा का अल्सेशन नहीं लेना चाहिए। इस पर मिर्ज़ा ने ये नमक छिड़का कि आँखों देखी बात है, कुत्ते की तन्दुरुस्ती और नस्ल अगर मालिक से बेहतर हो तो वो आँखें मिला कर डाँट

भी नहीं सकता। फिर ये तो ग़ैर-मामूली तौर पर ख़ूँख़ार भी नज़र आता है। हमने कहा, मिर्ज़ा तुम ख़्वाह-मख़ाह डरते हो। बोले, जो शख़्स कुत्ते से भी न डरे, मुझे उसकी वलदियत में शुब्हा है। हमने कहा मिर्ज़ा कुत्ता अगर ख़ूँख़ार न हो तो पालने से फ़ायदा? फिर आदमी बकरी क्यों न पाल ले। बोले, हाँ बकरी कुत्ते से ब-दर्जहा[38] बेहतर है। बड़ी बात ये कि जब चाहो, काट कर खा जाओ।

गरचे छोटी है ज़ात बकरी की
दिल को भाती है बात बकरी की

बहसा-बहसी में हम दोनों पटरी से उतर गए थे। लिहाज़ा प्रोफ़ेसर क़ाज़ी अब्दुल क़ुद्दूस ने ब-हैसियत सालिस[39] बिल-ख़ैर बीच में पड़ के इस मोतदिल[40] राय पर बहस ख़त्म की कि कुत्ते में से अगर जबड़ा निकाल दिया जाए तो ख़ास माक़ूल और मुख़्लिस जानवर है। क़ाज़ी अब्दुल क़ुद्दूस ने कुछ ग़लत नहीं कहा था कि बड़ा कुत्ता बड़ी मुश्किल से सधाया जाता है। फिर नया घर, नए चेहरे, नई बू-बास। नतीजा ये कि पहली रात ख़ुद सोया न दूसरों को सोने दिया। रात-भर एक साँस में मुँह-ज़बानी भौंकता रहा। दूसरी रात भी वहशत का यही आलम रहा। अलबत्ता चौबीस घण्टे की तर्बियत से इतना फ़र्क़ ज़रूर पड़ा कि फ़ज्र के वक़्त जिन अराकीन-ए-ख़ानदान[41] की आँख लग गई थी, उनके मुँह चाट-चाट कर ख़्वाब-ए-ग़फ़लत[42] से बेदार किया। तीसरे रत-जगे से पहले हमने उसे एक सोने की गोली दी। कोई इफ़ाक़ा नहीं हुआ। चौथी रात दो दीं, मगर साहब क्या मजाल, जो ज़रा चुपका हो जाए। ज़च हो कर मिर्ज़ा से रुजू[43] किया तो कहने लगे, मेरी मानो, आज उसे कुछ न दो। ख़ुद तीन गोलियाँ खा लो। हमने ऐसा ही किया। उस रात वो बिलकुल नहीं भौंका लेकिन हैरत इस बात पर हुई कि सुब्ह दस बजे हमारे बहरे हम-साए ख़्वाजा शम्सुद्दीन (इम्पोर्टर ऐंड एक्सपोर्टर) ने, जो नए-नए पड़ोस में आए थे, हमें बड़ी बद-तमीज़ी से झिंझोड़ कर जगाया और शिकायत की कि रात भी आपका कुत्ता मेरे घर की तरफ़ मुँह करके ख़ूब भौंका। और (हियरिंग एड

यानी सुनने का आला अपने कान में फ़िट करते हुए) और देख लीजिए, इस वक़्त भी बहुत जी लगा के भौंक रहा है! हमने कहा, आपका रेडियो भी तो सारे-सारे दिन मुहल्ले को सर पर उठाए रखता है। ख़ुदा-गवाह है जिस दिन से आप पड़ोस में उठकर आए हैं, हमने अपने रेडियो पर प्रोग्राम सुनना बन्द कर दिया है। फिर ये कि हमारे पास तो कुत्ते का लाइसेंस भी है।

लाइसेंस का नाम आते ही उनके चेहरे का रंग स्याह से बैंगनी हो गया। जिसके नतीजे में वो और उनका रेडियो तीन हफ़्ते तक ख़ामोश रहे, अलबत्ता उनके चौकीदार की ज़बानी मालूम हुआ कि वो रातों को उठ-उठ के अपनी हियरिंग एड कान से लगा कर सुनते हैं कि हमारा कुत्ता भौंक रहा है या सो गया। हमारे कानों में ये भनक भी पड़ी कि अब वो हर एक से ये कहते फिर रहे हैं कि बाज़ ना-दहिन्द[44] अपने क़र्ज़-ख़्वाहों से बचने के लिए कुत्ते पाल लेते हैं। वो ये कहते भी सुने गए कि सीज़र अशराफ़ों का कुत्ता मालूम नहीं होता। उधर उनकी बीवी की बद-गुमानी[45] का ये हाल था कि सीज़र झूठों भी दरवाज़े में से झाँक ले तो झट हाथ भर का घूँघट निकाल लेती थीं।

तीन हफ़्ते बाद देखा कि फिर मुँह फुलाए कुलबा-ए-अहज़ाँ[46] की तरफ़ चले आ रहे हैं। हमारे पुरजोश अस्सलामु अलैकुम के जवाब में फ़रमाया, देखिए, इस सूअर के बच्चे ने क्या किया है? मिर्ज़ा बीच में बोल उठे। मुँह सँभाल कर बात कीजिए। वो कुत्ते का बच्चा है। इस हमला-ए-मोतरिज़ा[47] के बाद हम भी कुछ सख़्त बात कहने वाले थे कि मिर्ज़ा ने जो उस वक़्त हमसे 'लूडो' खेल रहे थे, हमारे कुहनी मार कर अपनी छज्जेदार भवों की जुम्बिश से ख़्वाजा शम्सुद्दीन की बाईं टाँग की तरफ़ इशारा किया जो घुटने तक पाएँचे से बेनियाज़[48] थी। हमने कन-अँखियों से देखा तो ज़ख़्म वाक़ई इतना लम्बा था कि ज़िप लगाकर ब-आसानी बन्द किया जा सकता था। नदामत और इंसानी हमदर्दी के जज़्बात से मग़लूब हो कर हमने पूछा

"क्या कुत्ते ने काटा है?"

"जी नहीं मैंने ख़ुद ही काटा है!"

"अरे साहब घोड़े भी कुछ कम ज़ालिम नहीं होते?" मिर्ज़ा फिर बोल उठे। मिर्ज़ा का ये पुर-शमातत[49] वार ऐसा अचानक और कारी था कि वहीं ढेर हो गए। एक दफ़ा को अपने जिस्मानी ज़ख़्म भूल गए और अन्दुरूनी चोटों को सहलाते और घोड़ों की माँ-बहनों को अरमान भरी गालियाँ देते 'फ़ेड-आउट' हो गए। क़िस्सा दर-अस्ल ये था कि उनके बुज़ुर्ग ख़ैबर पार से घोड़े बेचने हिन्दुस्तान आए थे और माला-माल हो कर यहीं पड़ रहे। आगे चल कर उन बुज़ुर्गों की औलाद को इन्हीं घोड़ों की नाख़लफ़[50] औलाद ने तबाह कर डाला। वो इस तरह कि इस ख़ानवादे[51] के आख़िरी चशम-ओ-चराग़ ख़्वाजा शम्सुद्दीन की 'ब्लैक' की कमाई की एक-एक पाई रेस में उन्हीं घोड़ों के भेंट चढ़ती और उनके अपने अहल-ओ-अयाल[52] इनकम टैक्स वालों की तरह मुँह देखते रह जाते।

इस नौ[53] की ख़ुशतबई[54] से क़ता-ए-नज़र[55] सीज़र इब्तिदा-ए-सिन-ए-बद-तमीज़ी[56] से परले दर्जे का काहिल वाक़े हुआ था और दौड़-दौड़ कर काम करने के बजाय दिन के बेशतर हिस्से में दरवाज़े पर मेहराब की शक्ल में छाई हुई बोगन-वेलिया के साए में लोटें लगाता रहता। दर्ज़ी की सूई यूँ तो हर तरह के कपड़े में से निकलती है, मगर ईमान की बात है, हम ने सीज़र को कभी किसी ग़लत आदमी को काटते नहीं देखा और ये कहना तो सरासर ग़लत-बयानी और तोहमत-तराज़ी होगी कि वो बिलकुल जंगली या बे-कहा था। सधा-सधाया ज़रूर था मगर सिर्फ़ पचास फ़ीसद। इस इजमाल-ए-पुर-मलाल[57] की तफ़्सील ये है कि अगर बच्चे हुक्म देते कि जाओ, उस राहगीर के पीछे लग जाओ, तो ये मेरा शेर अपनी कमीन-गाह[58] से निकल कर तामीलन झपट पड़ता और उसकी टाई पकड़ के लटक जाता। लेकिन जब दूसरा हुक्म मिलता कि छोड़ दो तो मजाल है जो छोड़ दे।

मिर्ज़ा को मब्द-ए-फ़य्याज़[59] ने हद दर्जा मुहतात और वहमी तबीअत

वदीअत[60] की है। हमें यक़ीन है कि उन्हें आब-ए-हयात भी पीना पड़े तो बग़ैर उबाले नहीं पिएँगे। इसी वज़ा-ए-एहतियात[61] के बाइस उन्होंने सीज़र के आने के बाद हमारे हाँ आना जाना इतना कम कर दिया कि कभी भूले-भटके आ निकलते तो हम सब उनकी ऐसी ख़ातिर-मुदारात[62] करते, ऐसी गर्म-जोशी से मिलते कि उन्हें ख़दशा होने लगा कि हम क़र्ज़ न माँग बैठें।

एक दिन हमारे ईमा पर प्रोफ़ेसर अब्दुल क़ुद्दूस मिर्ज़ा को तरह-तरह से समझाने लगे कि कुत्ता बड़ा बेनज़ीर जानवर है। कुत्ते के सिवा कोई जानदार पेट भरने के बाद अपने पालने वाले का शुक्र अदा नहीं करता। ग़ौर करो, दुम-दार जानवरों में कुत्ता ही तन्हा ऐसा जानवर है जो अपनी दुम को बतौर आला-ए-इज़हार ख़ुलूस-ओ-ख़ुशनूदी इस्तेमाल करता है। वर्ना बाक़ी माँदा गँवार जानवर तो अपनी पूँछ से सिर्फ़ मक्खियाँ उड़ाते हैं। दुम्बा ये भी नहीं कर सकता। उसकी दुम सिर्फ़ खाने के काम आती है। अलबत्ता बैल की दुम से 'एक्सीलेटर' का काम लिया जाता है। मगर तुम्हें बैलगाड़ी थोड़ी दौड़ानी है। (मिर्ज़ा के ज़ानू पर हाथ मार कर) हाय! एक फ्रांसीसी अदीबा क्या ख़ूब कह गई है कि मैं आदमियों को जितने क़रीब से देखती हूँ, उतने ही कुत्ते अच्छे लगते हैं (लहजा बदल कर) कुत्तों से डरना बड़ी नादानी और बुज़दिली है। ख़ुसूसन विलायती कुत्तों से।

फिर मिर्ज़ा का डर निकालने के लिए उन्ही के खिचड़ी सर की क़स्में खा-खा कर यक़ीन दिलाया कि अंग्रेज़ों के कुत्तों के दाँत मस्नूई होते हैं। खाने के और, काट खाने के और। क़िस्मों से भी बात बनती नज़र न आई तो हमारी तरफ़ इशारा कर के अपना ज़ाती तज्रबा बयान किया कि उनकी देखा-देखी मैंने भी तीन हफ़्ते से एक दुम कटा 'कॉकर स्पैनियल' पिल्ला पाल रखा है। कॉकर स्पैनियल की मशहूर पहचान मालूम है? उसके कान उसकी टाँगों से लम्बे होते हैं और टाँगें इतनी छोटी कि ज़मीन तक नहीं पहुँच पातीं। दो हफ़्ते तक तो बच्चे दिन-दिन भर उसे गोद में लिए भौंकना सिखाते रहे। मगर अब

उनको इससे ज़रा दूर ही रखता हूँ। क्योंकि जुमा को छोटे बच्चे ने खेलते-खेलते अचानक उसे काट खाया। अपने पहले दाँत से। अभी तक पिल्ले के पेनिसिलिन के इंजेक्शन लग रहे हैं।

प्रोफ़ेसर क़ाज़ी अब्दुल क़ुद्दूस बे-दूध की कॉफ़ी के घूँट ले-ले कर ये सग-बीती[63] सुना रहे थे। बैठे-बैठे सीज़र को न जाने क्या हुड़क उठी कि बोगनवेलिया की ओट से उनके क़ीमा भरे समोसे पर झपटा। कॉफ़ी मुँह की मुँह में रह गई। बद-हवासी में प्याली मिर्ज़ा के सर पर गिरी (जिससे मुवख़्ख़र-उज़-ज़िक्र कई जगह से चटख़ गया) और प्रोफ़ेसर मज़कूर गर्म कॉफ़ी का ग़रारा करते हुए अपने क़द से ऊँचा फाटक फलाँग गए। मिर्ज़ा ने पूछा, "कुत्ते से डर गए?"

"नहीं तो!" वो फाटक के दूसरी तरफ़ से बड़े ख़ुद्दार लहजे में थर-थर काँपते हुए बोले।

मुम्किन है ये गुफ़्तगू कुछ देर और जारी रहती, मगर मौज़ू-ए-गुफ़्तगू ने एक ही जुस्त में प्रोफ़ेसर क़ाज़ी अब्दुल क़ुद्दूस को दबोच लिया और उनकी सुडौल रान में अपने नोकीले-नोकीले दाँत पैवस्त कर दिए। वो मुँह फेर कर खड़े हो गए। चार पाँच दिन पहले भी ऐसी ही गुत्थम गुत्था हो चुकी थी कि कभी कुत्ता उनके ऊपर और कभी... और कभी वो कुत्ते के नीचे। लिहाज़ा हमने फिर बोगनवेलिया की काँटेदार टहनी तोड़ कर एक क़मची बनाई और उस बद-तमीज़ को सड़ाक-सड़ाक मारने को दौड़े। मगर प्रोफ़ेसर मौसूफ़ जहाँ के तहाँ हाथ जोड़ कर खड़े हो गए। कहने लगे, लिल्लाह ये न करो। अभी तो मेरे पिछले नील भी नहीं मिटे।

जैसा कि हमारे पढ़ने वालों ने भाँप लिया होगा, कुत्ता पालना तो एक तरफ़ रहा, कुत्तों और प्रोफ़ेसर क़ाज़ी अब्दुल क़ुद्दूस के बाहमी तअल्लुक़ात काटने और कटवाने के कामयाब तज़्रबात से कभी आगे नहीं बढ़े। वर्ना उनका इल्म-उल-हैवानात[64] इस हद तक किताबी यानी नाक़िस[65] है कि हमारे बच्चे

जिस दिन बाज़ार से तोते का पहला जोड़ा ख़रीद कर लाए तो उनसे दरयाफ़्त किया चचा जान इनमें नर कौन सा है और मादा कौन सी? फ़ाज़िल प्रोफ़ेसर ने चार पाँच मिनट तक सवाल और जोड़े को उलट-पलट कर देखा। फिर बहुत मुहतात अन्दाज़ में फ़रमाया, "बेटा ये बहुत तोता-चश्म[66] जानवर होता है। अभी दो तीन महीने और देखो। दोनों में से जो पहले अण्डे देना शुरू कर दे, वही मादा होगी।" ख़ैर, ये ला-इल्मी तो इंसानी माज़ूरी[67] समझ कर फिर भी मुआफ़ की जा सकती है क्योंकि तोता अपनी मादा को इंसान की बनिस्बत ज़्यादा आसानी से पहचान लेता है, लेकिन एक दिन नासिहाना[68] अन्दाज़ में बड़े तज्रबे की बहुत बारीक बात ये बताई कि यक़ीन मानो, कुत्ता रखने से सेहत बेहतर हो जाती है। ये सुनना था कि मिर्ज़ा ने इतने ज़ोर का क़हक़हा लगाया कि तअल्लुक़ात में फ़ौरन बाल पड़ गया जो कई दफ़ा कॉफ़ी पिलाने के बाद दूर हुआ।

तअल्लुक़ात जब अज़ सर-ए-नौ[69] इस दर्जा ख़ुशगवार हो गए कि अबे-तबे से गुफ़्तगू होने लगी तो मिर्ज़ा को तपाने के लिए वो फिर सना-ए-सग[70] में मशग़ूल हो गए। एक दिन मौज में जो आए तो बशारत दी कि तिब्बी[71] नुक़्ता-ए-निगाह से कुत्ता बहुत मुफ़ीद-ओ-मुक़व्वी[72] जानवर है। ये सुनकर मिर्ज़ा उन्हें मुसलमान नज़रों से देखने लगे तो वो अपने दोनों हाथों की उँगलियों पर अपने साथ के उन बीमारों के नाम गिनवाने लगे, जिन्हें इस नस्ल ने तन्दुरुस्ती की दौलत से माला-माल कर दिया था। और दूर क्यों जाएँ, ख़ुद उनको अपने बालिश्त भर के पिल्ले से बे-इन्तिहा फ़ायदा पहुँच रहा था। मिर्ज़ा ने कहा, "ज़रा खोल के बात करो।" बोले, "अब तुमसे क्या पर्दा। कुत्ते को रोज़ाना गोश्त चाहिए, और ये हम पर कुत्ता पालने के बाद ही मुनकशिफ़[73] हुआ कि पहले हमारे घर में रोज़ाना गोश्त नहीं पकता था और हम बड़ी ला-इल्मी में ज़िन्दगी बसर कर रहे थे!" उनकी बनस्पति-ज़िन्दगी पर जो पर्दा-ए-ग़फ़लत चालीस साल से पड़ा हुआ था, उसके दफ़अतन[74] उठने बल्कि चाक होने के

बाद हम अपनी आँखों से देख रहे थे कि अब वो अपनी सेहत से इस क़दर मुत्मइन हो गए थे कि एक नम्बर बड़ा जूता पहनना शुरू कर दिया था।

हम तो इसको हुस्न-ए-इत्तिफ़ाक़[75] ही कहेंगे कि मुद्दतों बाद प्रोफ़ेसर मौसूफ़ की तन्दुरुस्ती एक दम ऐसी बहाल हुई कि हमें रश्क[76] आने लगा। इसलिए कि अब वो इस क़ाबिल हो गए थे कि महीने में तीन-चार दिन बग़ैर दवा के रह सकते थे। मिर्ज़ा कहते थे कि इसकी अस्ल वज्ह ये है कि उन्हें अपने ख़याली पिल्ले को सुब्ह शाम दो-तीन मील टहलाना पड़ता है।

ऊँची ज़ात के कुत्तों की सेहत-बख़्श सोहबत से प्रोफ़ेसरों की काया पलट होना तो ग़ैर शायराना ख़याल-आराई है। ताहम इसकी गवाही सारा मुहल्ला देगा कि हमारे बाज़ एहसान-फ़रामोश हमसायों[77] की गिरती हुई सेहत पर सीज़र की मौजूदगी, ख़ुसूसन उसके भौंकने का निहायत ख़ुशगवार असर पड़ा, जिसका एक अदना करिश्मा ये था कि ग़रीब-ख़ाने के सामने से गुज़रते हुए लद्धड़ से लद्धड़ पड़ोसी की चाल में एक अजीब चौकन्ना-पन, एक अजीब चुस्ती और लपक-झपक पैदा हो जाती थी। सीज़र मिनटों का फ़ासला लम्हों में तय करवा देता था। औरों का क्या ज़िक्र, ख़ुद ख़्वाजा शम्सुद्दीन (इम्पोर्टर ऐंड एक्सपोर्टर) जो कहने को सीज़र से नालाँ थे, उसके फैज़ान-ए-सेहत से अपने को न बचा सके।

सेठ साहब मौसूफ़ कम-ओ-बेश पन्द्रह साल से लो ब्लड प्रेशर (Low Blood Pressure) के लाइलाज मरीज़ थे। इलाज-मुआलिजे, टोने-टोटकों पर लाखों रुपये सर्फ़ कर चुके थे। सब बेसूद[78]। और अब ये नौबत आ गई थी कि लालची से लालची डॉक्टर भी उन्हें अपना मुस्तक़िल मरीज़ बनाने के लिए तैयार न था। मबादा[79] उन्हें रोज़-रोज़ मतब में बैठा देख कर दूसरे मरीज़ बिदक जाएँ कि इस डॉक्टर के हाथ में शिफ़ा[80] नहीं। लेकिन हमारे पड़ोस में आने के तीन महीने के अन्दर-अन्दर न सिर्फ़ ये कि उनका "ब्लड प्रेशर" बढ़ कर नॉर्मल हो गया बल्कि ब-फ़ज़्लेही[81] इससे भी पन्द्रह बीस दर्जे ऊपर

रहने लगा।

इन वाक़िआत का तअल्लुक़ उस दौर-ए-ना-वाक़फ़ियत[82] से है जब हम कुत्ता पालना खेल समझते थे। कैनल क्लब का बाक़ायदा मेम्बर बनने के बाद हमें एहसास हुआ कि सीज़र बेचारा बिलकुल बेक़ुसूर था। ग़लती सरासर हमारी ही थी कि कुत्ते को मिस्ल[83] अपनी औलाद के पाल रहे थे। यानी डाँट-डाँट कर। बड़े-बड़े जुगादरियों से कुत्ता पालने के अदब-आदाब सीखे तो पता चला कि कुत्ते के साथ तो नर्मी का बर्ताव लाज़िम है। बल्कि उसके सामने बच्चों को बेदर्दी से पीटना नहीं चाहिए वर्ना उसकी शख़्सियत पिचक कर रह जाती है। और यहाँ ये कैफ़ियत थी कि घर के हर फ़र्द ने इस पर भौंक-भौंक कर अपना गला बिठा लिया था। लेकिन जैसे-जैसे कुत्ता बड़ा हुआ, हम में भी समझ आती गई और डाँट फटकार का सिलसिला बन्द हो गया।

सीज़र ही के दम-ख़म से आठ नौ साल तक ऐसी बेफ़िक्री रही कि कभी ताला लगाने की ज़रूरत महसूस न हुई। उसको हमारे माल-ओ-अस्बाब की हिफ़ाज़त का इस दर्जा ख़याल था कि शामत का मारा कोई कौआ या बिल्ली बावर्ची-ख़ाने के पास से भी गुज़र जाए तो नथुने फुला कर इस बुरी तरह खदेड़ता कि सारे चीनी के बर्तन टूट जाते। घर की चौकीदारी और काम काज में इस तरह हाथ बटाने के अलावा वो एक समझदार कुत्ते के दीगर फ़राइज़ भी अंजाम देता रहा जिनसे साफ़ बू-ए-वफ़ा आती थी। यही नहीं कि वो नाश्ते पर हमारे लिए ताज़ा अख़बार मुँह में दबा कर लाता, बल्कि जब महीने की पहली तारीख़ को अख़बार वाला बिल लेकर आता तो उस पर भौंकता भी था और एक मुँह में अख़बार लाने पर ही मौक़ूफ़[84] नहीं वो तो कहिए, हमने ख़ुद दो-तीन दफ़ा सख़्ती से मना कर दिया, वर्ना वो तो हमारे लिए तोस भी इसी तरह ला सकता था। खाने पर दोनों वक़्त वो हमारी कुहनी से लगा बैठा रहता और हस्ब-ए-मामूल हम हर पाँच लुक़्मों के बाद एक लुक़्मा उसे भी डाल देते। अगर वो उसे सूँघ कर छोड़ देता तो हम भी फ़ौरन ताड़ जाते कि हो न

हो खाना बासी है। ग़रज़ कि बहुत ही ज़हीन और ख़िदमती था।

वक़्त गुज़रता दिखाई नहीं देता मगर हर चेहरे पर एक दास्तान लिख जाता है। कल की सी बात है। जब सीज़र बच्चा सा आया था तो प्रोफ़ेसर क़ाज़ी अब्दुल क़ुद्दूस जो सदा से यक-रंगी के क़ाइल हैं, इतवार के इतवार मोचने से अपने सर के सफ़ेद बाल उखाड़ा करते थे। बाल वो अब भी उखाड़ते थे मगर सिर्फ़ काले। (उन्हें ख़ुद भी अपनी उम्र का एहसास हो चला था और ग़ालिबन इसी रिआयत के तहत अब सिर्फ़ बाल-बच्चों वाली औरतों पर उनकी तबीअत आती थी) नादान बच्चों की वो पहली खेप जिसने सीज़र के ज़रिए अंग्रेज़ी सीखी, अब माशा-अल्लाह इतनी सियानी हो चुकी थी कि उर्दू अशआर का सही मतलब समझ कर शरमाने के क़ाबिल हो गई। सीज़र भी रफ़्ता-रफ़्ता ख़ानदान ही का एक मुअम्मर[85] रुक्न[86] बन गया... इस लिहाज़ से कि अब कोई उसका नोटिस नहीं लेता था। हमारे देखते-देखते वो बूढ़ा हो गया। और साथ ही साथ दिल में उसके लिए रिफ़ाक़त-ओ-हम-सफ़री[87] का एक एहसास, दर्दमन्दी वहम-नसीबी का एक रिश्ता पैदा हो चला कि हमने एक दूसरे को बूढ़ा होते देखा था। एक साथ वक़्त से हार मानी थी।

आज उसकी एक-एक बात याद आ रही है। जवान था तो राह चलतों का पंजे झाड़ कर ऐसा पीछा करता कि वो घिघिया कर क़रीब-तरीन घर में घुस जाते और बे-आबरू हो कर निकाले जाते। वो ताक में रहता और निकलते ही उनके मुँह और गर्दन को हर दफ़ा ब-अन्दाज़-ए-दीगर[88] यूँ भँभोड़ता गोया जानवर नहीं, किसी अंग्रेज़ी फ़िल्म का नदीदा हीरो[89] है। (ये मिर्ज़ा के अल्फ़ाज़ हैं। कहते हैं अंग्रेज़ी फिल्मों में लोग यूँ प्यार करते हैं जैसे तुख़्मी आम चूस रहे हैं) अभी तीन साल पहले तक उसे देख कर पड़ोसियों का चुल्लुओं ख़ून सूखता था। मगर अब इतना ज़ईफ़[90] हो गया था कि दिन-भर बोगनवेलिया के नीचे किसी मुर्शिद-ए-काहिल[91] की तरह मुराक़बे[92] में पड़ा रहता। बहुत हुआ तो वहीं से लेटे-लेटे दुम हिला कर शफ़क़त का इज़हार कर दिया। अलबत्ता

छोटे बच्चों को, ख़्वाह घर के हों या पास पड़ोस के, उसने कभी मायूस नहीं किया। और ऐसा कभी नहीं हुआ कि कोई बच्चा उसे आवाज़ देकर गेंद फेंके और वो गूदा भरी नल्ली छोड़-छाड़, गेंद अपने मुँह में रखकर वापिस न लाए। इस मुआमले में उसे बच्चों की तालीफ़-ए-क़ुलूब[93] इस दर्जा अज़ीज़ थी कि कई दफ़ा फ़ुटबॉल तक मुँह में रखकर लाने की कोशिश की।

आज़ा-ओ-जवारेह[94] रफ़्ता-रफ़्ता जवाब दे रहे थे। सारी तुन-फुन ग़ायब, ग़ुरफ़िश[95] ख़त्म। मिर्ज़ा के अल्फ़ाज़ में इसका बुढ़ापा शबाब पर था। किसी किसी दिन सह-पहर[96] तक बोगनवेलिया की छाँव में वही सनसनीख़ेज़ उर्दू अख़बार ओढ़े ऊँघता रहता, जिसमें नौकर सुब्ह क़ीमा बँधवा कर लाया था। चाँदनी और मादाओं की मस्त महक से अब उसके ख़ून में ज्वार भाटा नहीं आता था। कहाँ तो ये आलम था कि 'गर्मी' पर आता तो सर-ए-शाम ही से ज़ंजीर तुड़ा कर क़द-ए-आदम[97] दीवार फाँद जाता और फ़ज्र की अज़ान के वक़्त शाद-काम[98] लौटता। या अब इस जवाँ दीदा बुज़ुर्ग का ये हाल हो गया था कि गरमाई हुई मादा और हड्डी बयक-वक़्त नज़र आ जाएँ तो हड्डी पर ही झपटता था और जब उस हड्डी को पपोलते-पपोलते उसके बूढ़े जबड़े दुखने लगते तो उसे सुर्ख़ बोगनवेलिया के नीचे दफ़्न करके वुज़ू के लोटे में मुँह डाल कर पानी पीने चला जाता। यक़ीन नहीं आता था कि ये वही सीज़र है जिसके जबड़े की मुहर मुहल्ले के हर तीसरे आदमी की पिण्डली पर आज तक गवाही दे रही है कि...

अब जिस जगह कि दाग़ है याँ आगे दर्द था

वही दुम जो एक ज़माने में ब-क़ौल शख़्से[99] सवालिया निशान की तरह खड़ी रहती थी, अब मुफ़्लिस[100] की मूँछ की मानिन्द[101] लटकने लगी। उसके हम-उम्र एक-एक करके वो गलियाँ सूनी कर गए, जहाँ से रातों को अन-देखे भेद भरे जिस्मों की ख़ुशबुओं के बुलावे आते थे। वो तन्हा रह गया। बिलकुल तन्हा-ओ-दिल-गिरफ़्ता[102]। नई पौद के मुँह-ज़ोर कुत्तों के साथ उठना बैठना

तो दरकिनार, वो उनके नौ दौलते मालिकों पर भौंकना भी अपने रुतबे के मुनाफ़ी समझता था। लेकिन जिस दिन से माता हरी की जवान पठोर बेटी क्लीयोपेट्रा भरी दो-पहरी में एक हलवाई के बेनाम कुत्ते के साथ भागी, वो हफ़्तों अपने हम-जिंस[103] की आवाज़ तक को तरसने लगा। जब तन्हाई से बहुत जी घबराने लगता तो रेडियो के पास आकर बैठ जाता और पक्के गाने सुनकर बहुत ख़ुश होता।

जिस्म के साथ-साथ नज़र भी इतनी मोटी हो गई थी कि कभी प्रोफ़ेसर क़ाज़ी अब्दुल क़ुद्दूस उजले कपड़े पहन कर आ जाते तो उन्हें अजनबी समझ कर भौंकने लगता। अलबत्ता समाअत[104] में फ़र्क़ नहीं आया था। साफ़ मालूम होता था कि वो अटकल से गेन्द का पीछा करता है और उसके टप्पा खाने से उसकी सिम्त और महल-वक़ू[105] का अन्दाज़ा कर लेता है। एक दिन शाम को अच्छा-ख़ासा बोगनवेलिया के नीचे अपना मख़्सूस आसन मारे (दाईं आँख, जो बचपन से सुर्ख़ रहती थी, आधी बन्द किए, बाएँ पंजे पर थूथनी रखे बैठा था कि एक नीली रिबन वाली बच्ची ने "शू" कह कर सड़क पर पिंग-पौंग की गेन्द फेंकी। वो आवाज़ की सीध पर लपका। मगर जैसे ही गेन्द मुँह में पकड़ के तेज़ी से पलटा, एक कार के ब्रेक लगने की दिल-ख़राश[106] आवाज़ सुनाई दी।

बच्चे चीख़ते हुए दौड़े। सड़क पर दूर तक टायरों के घिसने से दो स्याह पट्टियाँ बन गईं। कार एक धचके के साथ रुकी और अपने स्प्रिंगों पर दो-तीन हिचकोले खाकर ग़ुर्राती हुई तेज़ी से पहले ही मोड़ पर मुड़ गई। मगर सीज़र बीच रास्ते ही में रह गया। इसका पिछला धड़ कार का पूरा वज़न सहार चुका था। मुँह से ख़ून जारी था। और पास ही गेंद पड़ी थी जो अब सफ़ेद नहीं रही थी।

सबने मिलकर उसे उठाया और फाटक के पास बोगनवेलिया के नीचे लिटा दिया। लगता था, शिरयानों[107] के मुँह खुल गए हैं। और उसकी ज़िन्दगी

दिल की हर धड़कन के साथ रिस रही है। ज़र्ब-ब-ज़र्ब[108], क़तरा-ब-क़तरा, दम-ब-दम। हर एक उसे छू-छू कर उँगलियों की पोरों से दिल की धड़कन सुन रहा था... वो धड़कन जो दूसरी धड़कन तक एक नया जन्म, एक नई जून बख़्शती है। किस जी से कहूँ कि उस का आब-ओ-दाना[109] उठ चुका था और वो रुख़्सत हो रहा था। उस हिम्मत, उस हौसले, उस सुकून के साथ, जो सिर्फ़ जानवरों का मुक़द्दर[110] है। बग़ैर कराहे, बग़ैर तड़पे, बग़ैर हिरासाँ[111] हुए। बस बे-नूर नज़रें जमाए देखे चला जा रहा था। बारी-बारी सबने उसे चुमकारा। सर पर हाथ रखते ही वो आँखें झुका लेता था, और ये याद करके सबकी आँखें भर आईं कि उसकी ज़िन्दगी में आज पहला मौक़ा था कि सर पर हाथ फिरवाते वक़्त वो जवाबन अपनी रेशम सी मुलाइम दुम नहीं हिला सकता था।

आज उसके नथुनों में एक अजनबी ख़ून की बू घुसी जा रही थी। कोई आध घण्टा गुज़रा होगा कि चार पाँच कौए ऊपर मण्डलाने लगे और धीरे-धीरे इतने नीचे उतर आए कि उनके मनहूस साए उस पर पड़ने लगे। कुछ देर बाद अहाते की दीवार पर आ बैठे और शोर मचाने लगे। सीज़र ने एक नज़र उठाकर उन्हें देखा। एक लख़्त[112] के लिए उसके नथुने फड़क उठे। फिर उसने अपनी आँखें झुका लीं। हमसे ये न देखा गया। उसका ख़ून-आलूद मुँह खोल कर सोने की गोलियों की शीशी हलक़ में उलट दी और कॉलर उतार दिया। ज़रा देर बाद वो अपने प्यार करने वालों की धुँधलाती सूरतें देखता-देखता हमेशा के लिए सो गया।

मार्च के चढ़ते चाँद की भीगी-भीगी रौशनी में जब बच्चों ने मिलकर उसकी महबूब बोगनवेलिया के नीचे ज़मीन की अमानत ज़मीन को सौंपने के लिए गहरा सा गढ़ा खोदा तो छोटी-बड़ी बेशुमार हड्डियाँ निकलीं, जिन्हें वो ग़ालिबन दफ़्न कर के भूल गया था। दूर-दूर तक बोगनवेलिया की लम्बी-लम्बी उँगलियों जैसी जड़ें अपना रास्ता टटोलती हुई ज़मीन के नीम-गर्म सीने में उतरती चली गई थीं और उसका रस चूस-चूस कर शाख़ों के सुरों पर

दुबकते हुए फूलों तक पहुँचा रही थीं। मगर सूखी प्यासी जड़ों को आज सीज़र के लहू ने उन फूलों से भी ज़्यादा सुर्ख़ कर दिया होगा जो बच्चों ने लहद[113] का मुँह अपनी सलेटों और तख़्तियों से बन्द करके ऊपर बिखेर दिए थे। आख़िर में नीली रिबन वाली बच्ची ने अपनी सालगिरह की मोमबत्तियाँ सिरहाने रौशन कर दीं। उनकी उदास रौशनी में बच्चों के मैले गालों पर आँसुओं की नमकीन उजली लकीरें साफ़ चमक रही थीं।

कई महीने बीत गए। पतझड़ के बाद बोगनवेलिया फिर अँगारे की तरह दहक रही थी। मगर बच्चे आज भी उस जगह किसी आदमी को पाँव नहीं रखने देते कि वहाँ हमारा एक साथी सो रहा है।

1 विवाहित 2 बात-चीत 3 लगे हाथ 4 उसकी याद अच्छी रहे 5 शौक़ की ज्वाला 6 धुरन्धर, विद्वान 7 प्रचलित 8 कुलीन शरीफ़ 9 वंश-वृक्ष 10 पूर्वज 11 बहुत पहले से 12 अफ़सोस और मदहोशी 13 तन्हाई 14 आँख भर आना 15 लुप्त 16 व्यंग्यकार 17 पक्षपात 18 कारण 19 कुत्ते का काटा हुआ 20 आवभगत 21 सम्मान 22 मध्य एशिया का वह भाग जो आमू और सिर नदियों के अवक्षेप से बना है 23 दुर्लभ, अमूल्य 24 लांछन लगाना 25 जीवन-साथी 26 लाइन में 27 किसी से सुना हुआ 28 ईश्वर, सर्वशक्तिमान 29 हरामी बच्चा 30 बुरे कर्मों का बदला 31 अवस्था के हिसाब से 32 छोटा और बड़ा 33 बोझ, सीना ज़ोरी 34 शब्द या वाक्य को हटा देना 35 क़ुबूल होना 36 बचाव, प्रतिरोध 37 दबा हुआ 38 कई गुणा 39 बिचौलिया 40 सामान्य, दरमियानी 41 ख़ानदान के लोग 42 गहरी नींद 43 सम्पर्क 44 क़र्ज़ लौटाने में टाल-मटोल करने वाला 45 ग़लत ख़याल 46 शोक गृह, दुखियों के रहने का घर 47 बीच में हमला कर देना 48 लापरवाह 49 व्यंग्यात्मक 50 नालायक़ 51 वंश 52 बाल बच्चे समेत 53 तरह 54 हँसी मज़ाक़ 55 से अलग 56 शरारत की उम्र 57 दुखद सौंदर्य 58 आड़, गुप्त स्थान जहाँ से घात लगाया जाता है 59 कृपा करने वाले 60 अमानत 61 एहतियात करने वाली प्रवृत्ति 62 आव-भगत 63 कुत्ते की कहानी 64 जीव विज्ञान 65 कमज़ोर, बेकार 66 नज़र फेर लेने वाला 67 मजबूरी 68 नसीहत करने वाला भाव 69 नए सिरे से 70 कुत्ते की तारीफ़ 71 चिकित्सकीय 72 फ़ायदेमन्द और शक्तिदायक 73 भेद खुला 74 उसी समय 75 संयोग 76 ईर्ष्या 77 पड़ोसी 78 बेकार 79 कहीं ऐसा न हो 80 फ़ायदा 81 उसकी कृपा से 82 अज्ञानता के समय 83 की तरह 84 स्थगित 85 वयोवृद्ध 86 सदस्य 87 सहपाथी, दोस्त 88 दूसरे अन्दाज़ में 89 पर्दे के पीछे का पात्र 90 बूढ़ा 91 सुस्त या थका हुआ पीर 92 ध्यान मग्न होना 93 श्रद्धा के भाव से आकर्षित करना 94 जिस्म के तमाम हिस्से 95 ग़ुर्राहट 96 दोपहर के बाद 97 आदमी की लम्बाई के बराबर 98 ख़ुश-ख़ुश 99 किसी के कहे के मुताबिक़ 100 दीन 101 की तरह 102 अकेला और दुखी 103 सजातीय 104 सुनने की शक्ति 105 जगह 106 हृदय विदारक 107 धमनियों 108 लगातार 109 दाना-पानी 110 भाग्य, क़िस्मत 111 भयभीत 112 लम्हे 113 क़ब्र